混迷の時代を生きる君へ

土屋廣幸 著

大学教育出版

はじめに——本書が目指すもの

人間は赤ちゃんとして生まれてきて、子ども時代を過ごし、思春期を迎えて成人し、大人として生活してやがて老年期を経て、一生を終えます。人生には楽しいできごともつらいできごともさまざまありますが、振り返ったときに楽しかったとか、充実していたと思えるようであれば大変幸福なことでしょう。そういう幸福感を得るには何かコツがあるのでしょうか?

見ず知らずの土地に初めて旅行する場合、その土地のことを調べておくと、到着してから大いに役に立つでしょう。人生にはガイドブックはありませんが、それでも多少でも考えておくとやはり役に立つのではないか、というのが私の感想であり、本書の目指すことの一つです。

旅行をするには準備をしておかなければ、行き当たりばったりになってしまいます。この旅は一度きりの旅なので、できるだけの準備をしたいものです。しかし、どんなに準備してもすべてうまくいくとはかぎりません。天気がくずれるかもしれないし、交通機関が動かないこともあります。そういう場面に遭遇しても何がベストか常に前向きに考えていけたらいいのではないでしょうか。

昔から、人生論という本は何冊もありました。ただ最近は全体を広く眺めるよりも、場面場面の話題が多いようです。日本の若者の考え方が多様化したからかもしれませんし、功利主義という社会の風潮を反映しているのかもしれません。

私は小児科医ですが、医師という立場は理系と文系の境目くらいに位置すると思っています。中途半端とも言えますが、両方の世界がわかるとも言えます。賛否は別にしてチェ・ゲバラは医師で喘息もちで政治家でゲリラでした。理系・文系という分類にはあてはまりませんが、多様な世界で生きた人です。私は大学医学部を出て、基礎医学の大学院4年間の後、大学病院小児科に所属して小児血液疾患の診療に従事し、2年間アメリカのがん病院に研究留学、その後NTT（日本電信電話株式会社）病院を経て、9年前から私立産婦人科病院で新生児の診療にあたっています。この間、医学系だけですが、公務員、半公務員、私立病院、海外と勤務したので、さまざまのことに気づきました。また、赤ちゃんを毎日診療することで、人間とは何かということにも思いをめぐらすようになりました。

人間は誰しも一冊の本を書くことができるほど人生について語ることができるのです。そこで自分なりの生き方論という意味で、本書のタイトルを「混迷の時代を生きる君へ」という語句を用いました。ドイツ語に“Klein, aber Mein”（クライン・アーバー・マイン）という言葉があると金沢大学の教授から教わりました。英語で言えば“Small, but my own”「ささやかだけれども、自分だけのもの」の意味です。私は本書に自分の思索と共に、経験に基づく多少の生活の知恵の両方を書いてみました。日本の国としての借金が積みあがり、とりわけ若い世代にとっては将来ますます負担が増え、労働環境もきびしくなりそうですが、自分のつたない経験や思索がいくらかでも若い人々の参考になればと願っています。先輩や同輩の皆様には笑って読んでいただければ幸いです。本文中には昔の話も書きました。温故知新という言葉のように、過去の蓄積を生かさない手はないからです。逸話的な話で根拠がやや薄弱な事柄については、私の知りうる限り（to the best of my knowledge）という立場で書いてみます。正確を期すために、あるいは詳しく知りたい読者のために、参照した図書・文献・ウェブサイトを各項目の最後に示しました。なお、図書や新聞記事の多くは内容の正確さが一定程度期待できますが、ウェブ上の情報は便利な半面、正確さに欠けるきらいがあるので注意が必要だと思います。

混迷の時代を生きる君へ

目次

混迷の時代を生きる君へ

1

お金？　名誉？

自分をとりまく世界や世間について考えるとき、さまざまな視点があります。人生で何を目指すか。お金や名誉を目指すということも当然あるでしょう。法律を犯して金持ちになることは許されませんが、許容範囲はあります。例えば1972年に首相になった田中角栄氏は刑務所の塀の上を歩いているような男[1]と言われていました。塀の上から落ちるけれども、なぜかいつも塀の外に落ちるのだそうです。

また、人から尊敬されたり、VIPとして遇されるのも嬉しいことです。人間は社会的動物ですから、お金や名誉があることは社会的動物としては楽しいことでしょう。

本書は、お金も名誉も役に立つものだから、あるならあるでいいけれど、どちらもなくてもそれはそれでいい、というやせ我慢も許容する立場です。なぜなら、お金も名誉もなくても人間としての尊厳はあるからです。

堀江貴文さんは、「人の心はお金で買える」と言ったのですが[2]、彼はギリシア神話のミダス王の話[3]を知らなかったのでしょう。ミダス王は酒の神ディオニュソス（バッカス）に願って、触れるものはすべて金に変えることができるようになりました。しかし、自分の娘に触ったとき、彼女を金の彫像にしてしまいました。お金がよいものだとしても、振り回されてはしかたがない。アルコール中毒者のお酒とよく似ています。酒は飲むべし、飲まるるべからず。ミダス王が酒の神から金に変えるという願いをかなえてもらったことは、お金と酒の魔力を暗示しているかもしれません。どちらも上手に使えば日常を豊かにしてくれますから、無視する必要もないが、おぼれるのはよくない。もう1つ例を挙げるなら、トルストイの「人にはどれだけの土地がいるか」の話です。主人公の農夫は1日に歩いて囲んだだけの土地をもらえるのですが、日没までに間に合うように必死に走った挙句、死んでしまいます。過剰な欲をいさめる話でしょう。

私の毎日の仕事は赤ちゃんの診察です。生まれてまもない赤ちゃんにはお金も名誉も何にも関係がありません。しかし、赤ちゃんには赤ちゃんなりの人間としての尊厳が備わっています。赤ちゃんの持っているものは生命であり、赤ちゃんは本来祝福されてこの世に生を受けているからです。

2010年のアメリカ科学アカデミー紀要誌にプリンストン大学からの興味深いレポートが載っています(4)。それによると、幸福を幸福感と生活の質という2つの要素に分けた場合、2009年の米国の調査では年収7万5000ドルまでは年収が増加するほど幸福感も生活の質も上昇しますが、7万5000ドルを超えると生活の質は上昇しても幸福感はもう上昇しないそうです。人にとっての収入の増加の価値は増加額で決まるのではなく、増加割合で決まるともコメントされています。収入増加1000ドルは高収入の人と低収入の人にとって嬉しさは異なりますが、収入が増加してもとの2倍になる場合は、高収入の人にも低収入の人にも嬉しさは同じだというのです(4)。

ちなみに現在の日本でどれくらい年収があったらやっていけるかの目標は、ファイナンシャルプランナーの花輪陽子さんのインタビュー記事には30代前半の夫婦で年収６００万円と書かれています[5]。

〈注〉
（１）盛岡タイムス（２００６年5月20日） http://www.morioka-times.com/tenmado/2006/0605ten.html
（２）産経ニュース（２００９年7月26日） http://sankei.jp.msn.com/life/trend/090726/trd0907262143016-n1.htm
（３）ウィキペディア「ミダス王」
（４）Kahneman, D. et al., Proc Natl Acad Sci USA 107:16489-16493, 2010
（５）朝日新聞「ひと」リストラ体験をバネに「お金のプロ」に：花輪陽子さん（２０１０年11月28日）

自己実現

前項ではお金か名誉かという極端な見方を紹介しました。ここでは自己実現について考えてみましょう。自己実現という言葉は広く用いられていますが、個人が内に持っている可能性を実現すること[1]という定義があります。それは、スポーツ選手や芸術家でたとえるとわかりやすいかもしれません。野球ならイチロー選手、ゴルフなら石川遼選手や宮里藍選手、音楽なら辻井伸行さんなどたくさんの名前がすぐ浮かびます。彼らは自己実現したと言えましょう。けれども、彼ら自身はもっともっと先へ行きたいと思っているでしょう。

個人の可能性を実現するという話題のときに思い出すのは新約聖書マタイ伝25章です。イエスはこう言います。「天国は、ある人が旅に出るとき、その僕《しもべ》どもを呼んで、自分の財産を預けるようなものである。すなわち、それぞれの能力に応じて、ある者には5タラント、ある者には2タラント、ある者には1タラントを与えて旅に出た」。やがて主人は旅から帰ってきて、財産を預けた僕1人ずつを呼んで、各人が預けられた財産をどう運用したかを尋ねました。すると、5タラント預けられた僕も2タラント預けられた僕も、そのお金を元手に商売をして、それぞれ預かったお金を2倍にしています。ところが1タラント預けられた僕は額が少なかったために、お金を地中に隠していただけでした。主人は「それなら、わたしの金を銀行に預けておくべきであった。そうしたらわたしは帰ってきて、利子と一緒にわたしの金を返してもらえたであろうに」と言って、その僕からお金を取り上げて、僕を外の暗闇に追い出してしまいます。この話は才能の多寡にかかわらず、自分のやれるだけのことをやりなさいと励ましているのでしょう。

〈注〉

（1）渋谷昌三（著）『面白いほどよくわかる！　心理学の本』西東社、2010、116頁

5 社会貢献

40年前、キノトールという日本人の劇作家が、日本に必要なものはあらゆる領域の一流である、一流の社会人である（一流の運転手、一流の販売員、一流の公務員など、すべての職種について）という意味の文章を書きました。現代の日本にもぴったり当てはまりそうです。それぞれの領域の人が自分の立場で最善を尽くせば、日本はもっと元気になり、国民も幸福になるのではないでしょうか。それが社会貢献の一つの形と言えます。

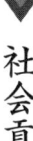

仕事をすることが目に見える形で社会に貢献していることがわかる職種もあれば、目につきにくい職種もありますが、いずれにせよ、人間が社会的動物であることを考えれば、社会と無関係に生きていくことは不可能ですし、その中で社会に貢献していきたいと考えるのは自然な流れでしょう。

プロ野球横浜ベイスターズの大家友和投手は苦しい少年時代を送ったのですが、それをバネにメジャーリーグの投手として活躍し、メジャー通算51勝を挙げ、現在は横浜に復帰しています。彼の名前を冠した大家友和ドリームツアーという、全国の児童養護施設に住む子どもたちを大家選手がプレーする横浜に招待する行事があります。大家選手がプロ野球選手を志したのは小学校時代。今、その同年代の子どもたちに大家選手の半生を通じて、「夢を持つこと」の大切さを感じ取ってほしいということで企画された催しで、10年続いているそうです(1)。プロスポーツ選手にはこのようなチャリティーに尽力している人が少なくありません(2)。

本書のあちこちに私は書いたのですが、今の日本の社会は以前に比べて(冷戦の終結以前、1990年頃以前、失われた10年以前に比べて)、住みにくくなった印象を持ちます。政治が社会と世界の変化に有効な対応をしてこなかったのが大きい理由と思います。格差社会、弱肉強食、自己責任、いずれも精神的に貧しい言葉です。政治が有効な対策を持てなかったのは、国が豊かになったためかもしれません。「国乱れて忠臣あらわる」という言葉があります。その逆の状況なら、国が豊かであれば、国民のために尽くそうという人は少なくなるのかもしれません。

テレビの番組ですが、歴史学者で東京大学教授の山内昌之先生が鹿児島市立玉龍中学校の生徒たちと、司馬遼太郎の小説「翔ぶが如く」に描かれた西郷隆盛と大久保利通の生き方を通して、「志とは何か」「友情とは何か」を語り合いました(3)。それを見て思ったのですが、夢と志は似ているけれど違う、個人の望みが夢で、例えば「僕の夢は芸能人になることです」と言い、志は公的な、publicという性質を持ち、広く国民、あるいは人間社会全体に尽くしたいという、もっと壮大なもののようです。江戸時代末期(例えば大塩平八郎の乱)から明治10年頃までの偉人たちは自分の身を投げうって、日本の近代化に尽くしました。今の私たちは自分の身を投げうつことはできなくても、それでも、そういう気概を持たないと日本は衰退していくのではないかと心配になります。自民党政権末期から民主党政権にかけて、日本の政治は混乱しています。民主主義のコストかもしれません。しかし、同時に、民主主義がまだ未熟なのだとも思えます。政治家や官僚や財界人を目指す若い人々が国民や人間社会に尽くす志を持ち、それを忘れないでくれれば、それこそ壮大な社会貢献だと思います。

〈注〉
（1）大家友和ドリームツアー2010開催趣意書
http://www.field-of-dreams.jp/dream-tour/userarea/pdf/DreamTour2010.pdf
（2）Biglobe ニュース（2010年4月13日）
http://news.biglobe.ne.jp/economy/655/dol_100413_6554434089.html
（3）鹿児島玉龍　進路指導部　Official BLOG　http://gyokuryuu.exblog.jp/14792947/

知識

この項目では、お金や名誉といった実利的な見方と少し違った視点から考えてみます。例えば人間として生まれたからには、世界について、自分の知りうる限りのことを知りたいという考え方があります。

論語に「子曰はく、朝に道を聞かば夕べに死すとも可なり」という言葉があります（里仁第四の八）。この中で「道」という言葉は解釈が難しいですが、自分の知りうることを可能な限り知りたいという考え方とも似通っている気がします。

危険を冒して、未知の海原に出て行った大航海時代も、南極を探検した先人たちも、それから宇宙を目指した宇宙パイロットも、みな、そこに何があるか知りたいという気持ちを持っていたのではないでしょうか？　23年ほど前、医学留学でヒューストンにいたとき、宇宙に行かれる前の毛利衛さんの講演を聞く機会がありました。お話の後で毛利さんに、「宇宙に行くと価値観は変わるでしょうか？」とお尋ねしました。毛利さんは「そのために私は宇宙に行くのです」と返事されました。

ですから、お金や名誉を目指すことも悪くないけれど、自分の知識欲を満足させたいという気持ちも人間らしい気持ちです。そしてもし可能なら、その人間の知識にほんのわずかでもいい、自分も付け加えたい、貢献したい。「巨人の肩の上に乗る」(1)という有名な言葉がありますが、我々凡人でも、これまでの人間の知識と知恵の集積の上に存在することができると思っています。

人に会うことも自分の世界を広げるのに役に立ちます。昔、私が高校生のときに授業中、古文の先生から言われた言葉に、「大学生のうちに、大先生の所を訪問しなさい。学生であれば、大先生も会ってくれるでしょう」がありました。私は多少なりとも先生のアドバイスに従いました。大学生の時にカール・バルト研究で有名な九州大学文学部滝沢克己教授の研究室に伺ったことがあります。この1回の訪問が何かを生み出したわけではありませんが、学生であれ誰であれ、その先生の研究に関心を持ち、真摯な態度をとる人に対しては、たいていの大先生はまともに対応してくれるはずです。その後、私が感想や質問の手紙あるいはメールを出して返事をいただいた先生に経済学者の伊藤光晴先生と佐和隆光先生があります。こうした働きかけはビジネスマンの異業種交流でも行われることでしょう。

〈注〉

（1）ウィキペディア「シャルトル学派」

家　族

金と名誉以上に達成したいものは、よい家族を得ること、よい子孫に恵まれることでしょう。これも達成はなかなかたいへんです。すべてよいばかりの家族もないし、悪いばかりの家族もないでしょう。ただ、よい家族を得たいと考えて努力するほうが、努力しないより、よい家族を得やすいはずです。さまざまな家族のありかたがあるはずで、それは多くの本や映画にも描かれています。映画でも日常生活の家族を描いたものもあれば、現実社会とはまったく違う状況での家族を描いたものもあります。具体的に述べると、「ミセス・ダウト」（ロビン・ウィリアムズ主演、1994年）はコメディですが家族の和解を描いています。この中で主人公に対峙するライバル男性（ピアース・ブロスナン）は家族の乗っ取りを図るという、なかなかの悪役ぶりを演じています。あるいは「スター・ウォーズ」シリーズは主人公ルークと悪の権化である父、ダース・ベイダーの葛藤の物語でもあります。

「修身斉家治国平天下」という言葉は「天下を治めるには、まず自分の行いを正しくし、次に家庭をととのえ、次に国家を治め、そして天下を平和にすべきである」（大辞泉）という意味ですが、ここでも、よい家庭、よい家族を作るという意識は大切だと言えます。

また、自分を中心に先祖と子孫を考えてみると、自分には両親があって、両親にはさらに両親があって、とたどっていくとすごい数の先祖がいるわけです。子孫についても同じで、自分には子どもがいて、子どもには配偶者がいて、そこには孫がいてと考えると、先祖の場合と同様に、すごい数の子孫がいることになります。自分とは、そのような無数の過去と無数の未来をつなぐ位置に存在しているのだという見方もできるでしょう。

親子

近年は親が子どもを虐待する事件が増えています。子どもが実子（自分たちが生んだ子ども）のこともありますし、再婚した場合の連れ子のこともあります。よく言われることですが、子どもは親を選べません。親は本来、無償の愛を持って子どもに接するものとされています。しかし、動物園の動物でも親が子を育てないために、飼育員さんが子どもにミルクを哺乳瓶で飲ませていたりします。これにはいくつか原因があるのでしょうが、そのうちの1つは子育てを放棄している動物の親は、自分の親による子育てを受けていない場合があります。つまりロールモデル（果たすべき役割のモデル）を持たないわけです。これについては後述の「赤ちゃん」の項目でもう少し述べましょう。

野生の動物はたいてい母親が餌のとりかたを教えています。ライオンもそうですが、父親は母親ほどは子育てに関わらないようです。夫婦で子育てをする動物は鳥類に多いようです。ペンギンは極寒の地で飲まず食わずで夫婦交代で卵を温めています。児童虐待には事情があるにしても、児童虐待する親より動物の方が偉いと思ってしまいます。

親は自分の子どもが自分を越えてくれると嬉しいものです。「出藍の誉れ」という言葉もあります。勝海舟と父親の勝小吉のことを書いた「父子鷹」(1)もそうです。自分がやり遂げたかったことが子どもの手で成し遂げられたら楽しいでしょう。一方、親はいろいろ失敗をしていますから子どもには同じ失敗はさせたくない。それでさまざまなアドバイスをしたりしますが、子どもは親の言うことは聞きたくないのでそれをうるさがり、同じ失敗をしてしまう。これでは進歩がないのですが、案外そういうことは多くて、なんだか仕方がないなあと思ってしまいます。

〈注〉

(1) 子母沢寛(著)『父子鷹』新潮文庫、1964

世代

自分の次の世代に何を残すか、これも難しい問題です。子孫に財産を残すことは近年の不況下ではかなり困難になっています。サザエさんの漫画で、波平お父さんが「子孫に美田を残さずじゃ」と言うのを聞いていたカツオ君が「子孫に美田を残せずでしょ」とまぜっかえすものだから、お父さんはカンカンに怒っている、というのがありました。

テレビで勝間和代(経済評論家)、西村博之(2ちゃんねる開設者)、堀江貴文(ライブドア元社長)の3氏が、お金を集めるために違法すれすれをやる政治家ではいけないので、金持ちが政治家をやればいいと、おかしな話をしていましたが、大きな勘違いでしょう。お金持ちの政治家に庶民のことがわからないのは鳩山首相で国民は懲りています。正社員になりたくてもなれない若者が時給700円から800円の生活を強いられているのに、外国にいる外国人の子どもにまで子ども手当てをばらまくという政策が、はたして国民の幸せにつながるのでしょうか。しかもそのお金は借金で、そのツケはもらった子どもたち自身に回ってくるのです。

次の世代にお金を残すのもいいかもしれないけれど、それよりも次の世代が安心して暮らせる社会を作る方がはるかに大切でしょう。

「私たちは親として、どのような生涯を生きるのか。それは私たちがこの世に残していく子供たちの人格の形成に大きな影響を及ぼすだろう。私たちはどのようにして、不安を鎮め、困難を乗り越え、絶望を克服し、悲しみに耐え、芸術、音楽、自然を楽しむのか。あるいは蓄えを、家族や友人、そして見知らぬ人たちと分かち合うのか。私たちが子供たちに残していく遺産の価値はそのすべてにかかっている」(1)

〈注〉

(1) キングスレイ・ウォード(著)、城山三郎(訳)『ビジネスマン、生涯の過し方』新潮文庫、1996

人間とは何か

人間とは何かとは大きな題名ですが、こういう視点を持つのも、視野が広がっていいと思います。日常生活ではさまざまの困難、苦労がありますが、宇宙から見ると自分なんてずいぶんちっぽけな存在です。一方、パスカルは、「人間は1本の葦にすぎず自然のなかで最も弱いものである。だがそれは考える葦である」と述べました。

生物学的な立場から非常に大ざっぱに考えると地球の歴史は45億年。多細胞動物（後生動物）が出現したのが6億5000万年前、最初の哺乳類の出現が2億年前、類人猿の出現は2500万年前、人類の祖先（アウストラロピテクス）の出現は420万年前、解剖学的現代人の出現は20万年前[1]、人間が言葉を話し始めたのが同じく20万年前と言われます[2]。この時期に言語の遺伝子*FOXP 2*（フォックスピーツー。遺伝子はイタリック、タンパクはローマン体で表示します）の変異が起きたと推定されています[2]。*FOXP 2*遺伝子は言語の遺伝子候補として初めて見つかった遺伝子です。この遺伝子は多様な言語障害を認めた大家系家族の遺伝子の研究から発見されました。*FOXP 2*はヒトだけでなく、サル、ネズミ、トリ、ワニ、ゼブラフィッシュにも認められています。マウスは通常の音声のほかに超音波も発声に用いますし、フィンチ（アトリ科の小鳥）は先輩のフィンチに倣って歌を歌います。これらマウスの発声やフィンチの歌にも*FOXP 2*が関連しています[3]。言語は人間の人間たる所以を規定していますが、言語の遺伝子として*FOXP2*以外にもさまざまな遺伝子があって相互に関連しあっているのでしょう。

なお、脳の大きさを規定している現生人類の*ASPM*遺伝子が現在の塩基配列になったのは５８００年前で、これは農業や都市や初期の文字が広まった時期と一致するそうです[2]。

単細胞生物から現代人（ホモ・サピエンス）になるまで、自然選択だけで進化したと現在では考えられています。念のための注意ですが、人間の有り様は遺伝子だけで決まるのではなく、遺伝子と環境の両者で決まるということが現在の一般的な考え方です。

もう1つ生物学的な考え方を述べましょう。それは人間は何個の細胞から成り立っているかという問題です。自然科学では10^3倍（１０００倍）ずつの単位で考えます。およその目安として、体の細胞数は10^6個が1㎎の重量になります。10^9個が1g、10^{12}個が1kg、我々の体重は60kgとして、6×10^{13}個（60兆個）前後です。概算ですから一桁のずれはやむを得ないので、10^{12}個～10^{14}個が許容範囲です（こういう概算法はＭＢＡ経営学修士の考え方とよく似ています）。このうち脳の神経細胞は１０００億個と言われ、神経細胞同士のつながりであるシナプスの数はその数百倍とされています[4]。

ヒトの遺伝子の数はわずか2万数千ですが、1個の遺伝子は1種類のタンパクしか作らないわけでなく、さまざまに組み合わされて、1個の遺伝子から多数のタンパクが作られます。ヒトのタンパクの種類は9万種類あります(5)。また、遺伝子以外のDNA領域（遺伝暗号をコードしていないノンコーディング領域で、全ゲノムの98・5％の長さを占める）の機能はまだ明らかにされていません(2)。

こんなに無力でありながら、こんなに精緻を極めた存在が人間なのだから、内的な、あるいは外的な違いで互いに憎しみあったりしなければいいのですけれどね。

ゴーギャンの絵に「われわれはどこから来たのか　われわれは何者か　われわれはどこへ行くのか」と題する作品がありますが、前記の進化学的視点や生物学的視点はその答えの一例と言えるでしょう。人間は良いこともするし、悪いこともします。例えばクリントン大統領（当時）の不倫は世界を騒がせました。しかし、彼はアメリカ経済を大きく発展させました。完全無欠の善人もいないし、完璧な悪人もいません。ただ、良いことをより多く行う人と悪いことをより多く行う人はいると言えましょう。

〈注〉

（1）ニコラス・H・バートンほか（著）、宮田隆ほか（監訳）『進化―分子・個体・生態系』メディカル・サイエンス・インターナショナル社、2009

（2）マイケル・S・ガザニガ（著）、柴田裕之（訳）『人間らしさとはなにか？』インターシフト社、2010、32、58、65頁

（3）Fisher, S.E. et al, Trends in Genetics 25:166-177, 2009
（3）松村道一（著）『脳科学への招待 ― 神経回路網の仕組みを解き明かす』サイエンス社、２００２、29–53頁
（4）ゲアリー・マーカス（著）、大隈典子（訳）『心を生みだす遺伝子』岩波書店、２００５、２０１–２０５頁
（5）Valdivia, H. H., Circ. Res. 100:761-763, 2007

こころ

人間がものを感じたり考えたりする「こころ」の働きは脳が生み出していることは、現在では広く受け入れられています。松村道一さんは「こころ」について神経科学の立場から論じています[1]。脳は人間自身が思っている以上に自由性を持っています。一例は囲碁の対戦です。囲碁のマス目は19×19あって、黒と白が対局するのでゲームの手順として2^{361}通りという天文学的ケースが生じます。人間の脳では考えることができても、コンピュータは今のところ囲碁には対応できていません。ちなみにチェスではすでにコンピュータが人間を負かしていますし、将棋でもそろそろコンピュータが優勢になりそうです。

人間の脳の自由性は、自己の独立性と外部環境への適応性を兼ね備えたシステムに基づいています[1]。外界に左右されない恒常性を保つためには、ある程度以上の大きさの神経回路網が必要で、また、脳が自由性を持つには階層構造が必要だと考えられています。脳の構造としては大脳連合野

は人間でよく発達していて、高次の精神機能を営む領域で、大脳辺縁系は情動の表出、意欲、記憶や自律神経活動に関与しているので、これらの領域が「こころ」に関与しているのでしょう。

以上のような見方は脳構築学あるいは脳の組織学的な見方です。近年は遺伝子によって「こころ」の働きをとらえようとする研究が盛んになりました。例えばことわざに「類は友を呼ぶ」Birds of a feather flock together. がありますが、このような心理学的な行動も遺伝子で説明できるようになりそうです。つい最近も、友達関係を規定する遺伝子候補として *DRD2* 遺伝子と *CYP2A6* 遺伝子が報告されました(2)。

他にもさまざまな行動に関わる遺伝子が解析されてきていて、遺伝子解析は病気の予防や治療だけでなく、広く社会に影響を及ぼすようになるでしょう(3)。

こうした行動神経科学研究には遺伝子改変マウスが用いられます。ヒトの遺伝子に相当するマウスの遺伝子は構造上のわずかな違いがあるものの、よく似ていて、動物実験で人間の「こころ」の働きを類推することができます(3)。このことからも、動物にも人間に似た「こころ」があると言えそうです。

テレビ番組で、ルリカケスの親鳥がカッコウの幼鳥の死骸をずっと見つめている映像がありました。カッコウは托卵します。托卵とは自分の卵を別のトリ（仮親）の巣に産んで、そのトリに育てさせることです。カッコウのヒナは巣の中の他の卵を巣の外に押し出してしまいます。仮親は本能的に一生懸命ヒナを育てます。自分の卵を捨てた、別のトリのヒナであるにもかかわらず。映像では自分が育てたカッコウの幼鳥がキツネか何かに襲われて殺されたのでしょう、それをルリカケスの親鳥が離れずにじっと見つめていたのです。

朝日新聞にも同じような話がありました。山口県の人の投書で「『赤の他犬』を気遣う柴犬に感銘」（2010年7月23日）というものです。国道沿いの道路上で車にはねられた犬が1匹横たわっていて、顔に出血があり、体がけいれんしていました。その犬の後ろから、もう1匹の犬が、横たわった犬に鼻をすり付けたり、前脚でつっついたりしていて、悲しそうな目を立ち止まる通行人に向けていました。投稿者が動物愛護管理センターに連絡して、センターの車が来た時には、傷を負った犬は絶命していました。翌日、元気な方の犬は無事飼い主に引き取られたけれど、2匹はまったくの「赤の他犬」だったということを知って、投書者は感銘を受けたとのことです。

〈注〉

（1）松村道一（著）『脳科学への招待―神経回路網の仕組みを解き明かす』サイエンス社、2002、179-203頁
（2）Fowler, JH. et al. Proc Natl Acad Sci USA 108:1993-1997, 2011
（3）宮川剛（著）『「こころ」は遺伝子でどこまで決まるのか―パーソナルゲノム時代の脳科学』NHK出版新書、2011

自己表現

人が文章を書くのは他者とコミュニケーションをとりたくて書くのでしょう。他者とは同時代だけでなくて、違う時代も含めた他者や、外国の他者も含めていいでしょう。

文系・理系にかぎらず、研究者の場合はその点は比較的容易です。英語で論文を専門誌に書くと英文版のGoogle Scholarに取り上げられます（日本語版グーグル・スカラーより英語版の方がより充実しているようです）。おそらく、Google Scholarにアップロードされた論文は未来まで保存されるでしょう。Google Scholarでは論文の本文全体が見つかることも多く、実に重宝します。ところで、グーグルが中国から撤退するかもしれないというニュースが２０１０年に報じられました。思想統制しておきたい中国政府と検閲は困るが大市場を確保したいグーグルのあいだで綱引きが続くのかもしれません[1]。ただ、グーグルが撤退すればGoogle Scholarも使えなくなるので中国の研究者は大きな痛手を被るだろうと言われています。

昔、大学病院のある研究室に貼ってあった言葉は、「研究者のミニマム——論文を読む、実験をする、論文を書く」でした。研究者は研究を通して自己表現する、と理解します。つまり、私はこんなことに関心があります、そこでこのようなことを行いました、結果からこういう意味があると考えています、皆さんのクリエイティブな意見を聞かせてください、ということです。本の原稿執筆という営為も研究と似ています。たくさんの本を読む、咀嚼し考察する、自分の意見を述べるために原稿を書く。自分のやりたいことをすでに他の人がやっていた場合、もう自分がやる意味はないと思う必要はないでしょう。本の原稿執筆でも研究でも同じです。他の人の視点と自分の視点はおそらく違います。一人よがりはいけませんが、「はじめに」にも書いたように自分なりの視点と考察を述べればよいのです。

さて、インターネット上で、あるいは実際の印刷物で意見の発表はできるので研究者でなくても自己表現は可能です。ただ、論文発表の場合は、専門誌に投稿された論文は出版の前に同じ領域の研究者が評価して書き直しさせたり、価値が低い場合は発表させないなどの厳しい審査があるので、その質は保たれています。ピア・レビュー peer review（ピアは同僚の意味）というシステムですが、一般のインターネットの記事にこの仕組みを作ることは難しいでしょう。ネットの記事の質を担保できる反面、ネットの自由さが犠牲になったり、検閲につながるからです。ただ、ウィキペディアでは最近は記事の質がある程度客観評価されて、公平な見解でない場合、注釈がつけられたりしているようです。

〈注〉

（1）CNN.co.jp（２０１０年7月30日）http://www.cnn.co.jp/business/AIC201007300001.html

進化

ヒトは進化を続けて宇宙へ飛び出すまでになりました。人間の好奇心は限りないですし、自然に手を加えていくという西洋流の発想が今後も主流で、「我唯足るを知る」という東洋の発想が優勢にならないのならば、人間が地球に手を加えすぎて、人間だけでなく現在の生物・生命は存続不可能になるかもしれません。地球温暖化の影響はすでにさまざまに出ていて、人間の生活にも弊害をもたらしています。

映画の「タイムマシン」（ガイ・ピアース主演、２００２年）では未来の人間は月を開発し、破壊してしまい、その影響で地球文明は破綻し、未来人は再び原始社会に生きています。空想が現実にならないようにしなければ私たちの子孫は存続できなくなるでしょう。

しかし、生物学的にはタンパク質はまだ発展の余地が大きいらしく(1)、タンパク質に関する限り人間はさらに進化する余地がありそうです。もっとも、これは生物学的な知見にすぎません。現実には人間の叡智を集めて、世界が存続可能にしなくてはなりません。

生物の中にも絶滅危惧種が存在します。これらの生物を滅ぼしてはいけないことは人間の倫理的責務ですし、学術や産業の面からは、生物多様性は人間を理解するための知識や技術開発のヒントを与えてくれるものでもあります。例えば、ある種のヘビは動物から出る赤外線を認識して自分の敵やエサを識別するそうです(2)。その仕組みは他の動物で温度センサーとして使われる遺伝子産物をヘビは独自の方法で使っているそうで、動物の持つ遺伝子の多様な利用法の一例です。この種のヘビがいなければ、人間はこのような赤外線認識法を知ることができないかもしれません。

〈注〉

（1）Povolotskaya, IS and Kondrashov, FA. Nature 465: 922-926, 2010

（2）Gracheva, EO et al, Nature 464:1006-1011, 2010

想像力

想像力がなぜ必要か。想像とは人間の持つ能力の1つでしょう。深遠な事がらの探求においても不可欠ですし、日常生活でも必要な能力です。職業としての営業活動でも相手の立場に立った営業は当然のことでしょう。お客様目線とも言えるでしょう。

民主党鳩山政権が失敗したのも、想像力の欠如が一因でしょう。例えば高速道路無料化、あるいは子ども手当。それぞれの功罪をきちんと事前に評価していたのか。政策の実行が善意に基づくものであったにしても、その政策の長所短所が十分に検討されていたようには見えません。高速道路の一部無料化の結果、フェリーボート会社の経営が困難に陥り、そうするとフェリーしか交通手段のない離島への船便の減便もおこります。結局、国民目線での想像力に欠けていたのではないでしょうか。

医師が患者さんへ病状や治療方針を説明するときにも想像力は不可欠です。この患者さんは、こういう説明をしたときにどう反応・理解するだろうか、家族はどうだろうかということも考えておかないと、患者さんの不満が残りますし、治療自体にも影響が出るかもしれません。杓子定規の説明は避けなくてはなりません。

学生が試験のヤマを張るときにも想像力は有用でしょう。あの先生は、この項目は詳しく話していた、あの先生の専門は〇〇だ、だったらこの項目は出題するに違いない。

作家の場合は、さらに想像力は重要でしょう。小説でも、この主人公だったらこのように行動するはずといった想像に基づいてストーリーが展開していくでしょう。

想像力は不可欠ですし、洗練させていかなくてはならないでしょう。論語の「思いて学ばざれば則ち殆うし」(為政第二の十五)のように学ぶことと想像力を働かせて考えることを繰り返す必要があるのでしょう。

理解者

漫画の『バガボンド』（井上雄彦著、講談社）を愛読している方も多いのではないでしょうか。主人公は宮本武蔵で、吉川英治の原作を基に井上雄彦さんが武蔵の生き様を雄大なスケールで描いています（「バガボンド」vagabond は漂泊者の意味）。武蔵は孤独ですが、同じく剣の道を目指す敵であり友人でもある人々や捨てたはずの故郷の人々を含め、さまざまな理解者たちに恵まれています。

武蔵のような孤高の存在でなくとも、私たちにとっても「管鮑の交わり」の故事にあるように、自分を生んでくれた父母とならんで友人や理解者はかけがえのない財産です。

サッカー日本代表の阿部勇樹選手はいろんなポジションをこなせる選手ですが、悪く解釈すると専門性がない「何でも屋」と言われることで悩んでいたそうです。でも、オシム監督に「ポリバレント」polyvalent（多価の、いろいろな能力のある）と言われて救われたということを語っています[1]。このような理解者はなくてはならない存在です。

医療には、患者さんに寄り添う臨床心理士という職種があります。医師はつい、患者さんの訴えや悩みを聞くと、こうするといいですよ、と対策や対処法を説明してしまいますが、それでは解決しない場合も多いのです。患者さんの悩みに、反論や説得したりするのではなく、寄り添って聞き続けてあげることが悩みを軽くすることにつながっていきます。
福山雅治さんのラジオ・トークを聞いていたら、彼は上京後、「1人も友達はできなかったね、みんなライバルだったから」と語っていました。一流になるには苦労したんだなと思いました。仕事を始めてから友人を作るのは難しいですから、その意味でも学生時代の友人は貴重だし、大切にしたいものです。

〈注〉
（1）asahi.com（2010年5月30日）http://www.asahi.com/worldcup/column/theroad/TKY201005300091.html

不況・就職難

現在の不況下で生き方を論じるのはなかなか難しいかもしれません。私が若い頃は日本が絶頂期に昇ろうとしていた時代で、加山雄三さんが「君といつまでも」という幸せな歌を歌っていましたし、映画ではクレイジー・キャッツが世の中を明るく笑い飛ばしていました。加山雄三さんの映画、若大将シリーズの初期の作品を見ると、日本はまだ貧乏で、東京都心でさえも土ぼこりが舞う未舗装道路です。そこをオート三輪（三輪の軽トラック）が走り回っていました。しかし、国民は明日は必ず今日よりも良くなる、豊かになる、と信じていた時代でした。
それに比べると、現在は全労働者の3分の1が非正規（アルバイト、パート、派遣、契約社員）です。驚くべきことです。こうなった原因は、バブル経済がはじけたこと、冷戦が終結して世界全体が経済大競争の中に投げ込まれたこと、9・11の同時多発テロ以後の世界が不安定になったこと、そして2008年9月のリーマン・ショックでしょう。しかし、そのような外的条件だけでなく、国内的には政治があまりに無策だったことが大きい。年金制度の行き詰まりも、超高齢化社会を迎えることも以前から指摘されていたのですから、対策をとっておくべきでした。さらに、国民が蓄えた年金基金で無意味なレジャー施設を作りまくって、不採算の結果、ただ同然で売り渡すなどという行為が行われたのですから、政治の責任は免れません
現在の状況の明快な解釈と方向性が書かれている本が、「経済成長って何で必要なんだろう?」(1)です。この本では若手の経済学者や反貧困運動家の著者たちが理論と現場をつき合わせています。
重要な論点を次に挙げます。

「90年代以降、日本だけがデフレに苦しんでいた…デフレ下では債務者から債権者への再配分が生じるとのことです。それを家計レベルで見ると、若年から中年層である債務者から、老人である債権者への所得の再配分ということになりますね。…僕は若者はもっと怒るべきだと

思います」。

「ちなみに、日本人の生涯所得を決める一番の要因は、学歴じゃありません。…実は生まれ年なんです。つまり、(学校)卒業時のときの景気がよかったか悪かったかで決まります。…それは企業が、新規学卒しか採用しないという慣行だからですね」。

このような現在の所得配分・雇用のあり方は抜本的に変えなくてはなりません。卒業時の景気で自分の生涯所得が決まるのなら、まじめに努力することはばかばかしくなります。

アメリカは終身雇用ではないですが、しかし、会社を辞めて大学や大学院に進み、学歴を高めて再就職するやり方は普通です。こういうやり方を日本も認めていくべきでしょう。

経済学者の池田信夫さんが書いています(2)。

「日本では、長期雇用でいろいろな部署を回ることを前提にして採用するので、専門能力より人柄や調整能力が重視され、人事部には専門能力を見る力がない。…新卒採用で専門能力がないため転職が難しく、転職が少ないために中途採用が難しく、採用が新卒に集中する…という悪循環に陥っているのだ。…中高年に生産性以上の賃金を払い続けていると、中国など新興国との競争に敗れ、新卒採用の抑制という形で若者に負担がしわ寄せされる。…改革には労働組合が反対しており、それを基盤とする民主党政権は、派遣労働の規制強化など、労働市場の硬直性を強める政策を一貫して取っている。こうした愚かな政治が続くかぎり、非生産的な就活も終わらないだろう」。

２０１１年３月７日の参議院予算委員会で吉川沙織議員の質問で明らかになったことは、大学４年生の就職内定率の低さ（６８・８％、２０１０年12月１日時点）[3]が報じられたけれど、これは一部の大学の抽出調査で調査対象は国立大学の割合が多く、しかも役所は対象大学名を国会議員にさえ教えないそうです。間違いなく内定率はもっと低いでしょう。

そこで、ネットで文科省の調査データを調べてみました（厚労省と同時発表）[4]。驚いたことに大学卒業者の４月１日現在の就職希望率はわずか６６・８％です（平成22年４月）。つまり３月に大学を卒業した人の６６・８％しか就職を希望していないと言うのです。これって一体何なんでしょう？　大卒者の３分の２しか就職を希望しないのでしょうか。大学院に行く学生は一部でしょう。引きこもりと言うべきなのでしょうか。

就職希望者の就職率が実際の就職率なら、内定率も本当は公表数字の３分の２にしかなりません。だとすれば、６８・８％かける６６・８％で12月１日時点の内定率は４６・０％です。これが世間の実感に近いのですが、それは報じられません。「不都合な真実」なのでしょうか？

SankeiBizには就活中の学生たちの悲痛な川柳が紹介されています。「ああ無情　あんなに褒めてくれたのに」「言い飽きた　御社が　理想の会社です」(5)。

〈注〉

（1）飯田泰之ほか（著）『経済成長って何で必要なんだろう？』光文社、2009、129-147頁

（2）池田信夫『就活～この大いなる消耗戦：「新卒一括採用」はなぜやめられないのか』JBpress、2011年2月24日　http://jbpress.ismedia.jp/articles/-/5520

（3）asahi.com　2011年1月18日　http://www.asahi.com/national/update/0118/TKY201101180091.html

（4）平成21年度大学等卒業者の就職状況調査（文部科学省）http://www.mext.go.jp/b_menu/houdou/22/05/__icsFiles/afieldfile/2010/05/24/1294174_1_1.pdf

（5）「ああ無情…」就職情報サイトに学生らの悲痛な川柳、SankeiBiz　http://www.sankeibiz.jp/econome/news/100907/ecc1009072023018-n1.htm

格差社会

さて、現状を認める気はさらさらないのですが、現状よりずっと悪い時代が過去にあったことは指摘しておいてもいいでしょう（今の時代をあきらめる必要はない、と言いたいのです）。第2次大戦前には言論の自由はなかったし、第2次大戦中には兵士と一般人合わせて、300万人以上の

日本人が死んでいますし、戦後は日本の都市の大部分は焼け野原でした（驚くべきことに昭和20年8月14日に作家の高見順さんは銀座のエビスビアホールにビールを飲みに行っています[1]。戦争中でも人々の暮らしはあったのです）。

もう1つ例を挙げるなら、室町時代の応仁の乱。今から550年ほど昔です。京都の銀閣寺を作った八代将軍足利義政は大飢饉のさなか、「餓死者の屍が累々と横たわる中を、大行列を組んで何回か物見遊山に出かけた」[2]そうです。悪政も極まれりです。

「希望は戦争」という言葉もありますが、これは言論上の挑発であって、真にそうであってはならないのは当然だと私は考えます。「良い戦争とか悪い平和というものはない」とベンジャミン・フランクリンは書いています[3]。それが正しいのではないでしょうか。朝日新聞の天声人語[4]は「いま閉塞感の下、若い世代に『焼け野原願望』なるものがあるそうだ。世の中すべてをリセットしたい願望だという。希望喪失のさまに暗然となる」と書きました。週刊ダイヤモンド[5]は特集で「新卒やハケンだけが犠牲になればいいのか？」と訴えています。人件費を削って非正規雇用を若者に押し付けたつけは必ず社会に回ってきます。若者の車離れなんて嘘っぱちで、車を買うお金がないから買わないだけです。若者に対して、政治も企業も真剣に速やかに賃金と身分が保障された正当な雇用を提供しなくてはなりません。

格差社会の問題点は他にもたくさんあります。20年くらい前まで日本では「一億総中流」と言っていました。「あなたは自分を中流と思いますか？」という質問をされたら、日本人の8～9割は「はい」と答えていたのです。近年、中流層が薄くなっています。中産階級なくして文化の発展は期待できません。演劇やコンサートや美術やスポーツの鑑賞・参加・観戦、旅行、さまざまな創作活動、こうしたことは生活と気持ちにゆとりがあって初めて可能になります。文化団体やスポーツ団体は経営上の問題から解散に追い込まれているところも少なくありません。

さらには治安の問題があります。殺人件数自体は減少していても(6)、国民の大半は治安が悪化している印象を持っています。1955年に菅原都々子さんは「月がとっても青いから　遠まわりして帰ろう」と歌いました。その時代が本当にそれほど安全だったかどうかはわかりませんが。

少数の資産家だけがますます資産を増やしても、日本の文化レベルが低下し、治安が悪化するなら、資産家自身も生活を楽しむことは難しくなるでしょう。米国に暮らすと地区によって安全な地区と危険な地区が分かれているのがわかります。一般の人は危険な地区には近づきません。いくらお金があってもこういう世界はあまり楽しくないでしょう。一方、米国では成功した人は自分の成功を社会に還元しようとします。直接寄付したり、自分で財団を作って活動したり、病院や大学を建てたりなど。税制優遇措置も理由ですが、根っこにはキリスト教精神もあるのでしょう。

現代の社会は格差社会であるとともにストレス社会でもあります。ストレスが多い社会ではみんなとげとげしくなり、生きていくのに精いっぱいになってしまいます。秋葉原の連続殺傷事件のように些細なきっかけで無関係の人に憤懣を爆発させた事件はたくさんあります。小泉構造改革と同時期に、自己責任という言葉が流行しました。小泉首相の政治手法はワンフレーズ・ポリティックスとか劇場型政治と言われましたが、政治課題について真剣で徹底的な検討をする代わりにレッテル貼りで議論を打ち切るやり方に見えました。

映画「ジョンQ」（２００２年）でデンゼル・ワシントン演じる主人公は、健康保険で守られない心臓病の息子を救うために拳銃を持って病院に立てこもります。主人公は何度も「私は納税者だ！」と叫びます。米国では国民全員が年度末の確定申告をしますから、国民に納税者としての意識は高く、納税しているのならば国が守ってくれるのは当然だとの思いは強いのです（日本でも国民全員が確定申告する制度に変えればいいと思います。アメリカではやっているのですから）。ですから、日本でも自己責任を言う前に税金を取っている以上、国がまず国民を守る責任を果たすのが先なのです。

自己責任を言いたてることは他人とくに弱者を攻撃する、品性を欠いた憂さ晴らしのようでした。いじめをやっていると、やがて今度は自分がいじめにあいます。弱肉強食の考え方は人間の尊厳を貶めます。そういうつまらない価値観は克服して、一人ひとりを大切にする教育と社会環境を作っていかなくてはなりません。

日本に長く住むフランス人のフランソワーズ・モレシャンさん（ファッション・エッセイスト）

が次のように書いています。

「私はドイツ軍による占領下の苦しさを少女時代に味わっています。景気の変動なんて戦争と比べたら、ちっとも怖くありません。大切なのは安心できる毎日の小さな幸せです。家族や友だちと笑って食事できること。

日本ほど調和と安らぎがある国は他にありません。国民性もあるのでしょうが、民族や宗教の対立もない日本は社会的なストレスがなく、サービスと笑顔と優しさにあふれています。もちろん、日本にも暗いニュースはたくさんあります。もう少し弱者に優しい社会になれば、日本は『幸せナンバーワン』になれる国だと思います」。(7)

また、同日の同じ新聞でオックスフォード大学教授、苅屋剛彦さんが、このような日本的な気配りは、どこまで顧客の期待に応えればよいのかという問題を内包していると指摘しています(7)。サービスを提供する側とサービスを受ける側のバランスが難しいところです。

『黒船前夜―ロシア・アイヌ・日本の三国志』(8)で大佛次郎賞を受賞した作家の渡辺京二さんが次のように語りました。「現代とは全く異なる国際関係や文明のパターン、人間の生き方が過去にあったことを知るのは、今の文明のあり方を相対化する上で役立つのではないかと思います」。(9)

こうした視野の広さ、相対化、客観化が大切でしょう。
もう1つ付け加えます。村上龍さんが２００３年に『自殺よりはＳＥＸ』[10]という、なんとも刺激的なタイトルの本を出版しています。彼の言いたかったことは、生きにくい時代だけれど、とりわけ若者よ、死ぬな、死ぬぐらいなら快楽に走れ、「死んで花実が咲くものか」ということでしょう。

〈注〉
(1) 高見順（著）『敗戦日記』文春文庫、１９９１、２４８頁
(2) 井沢元彦（著）『逆説の日本史 (8) 中世混沌編 室町文化と一揆の謎』小学館文庫、２００４、53頁
(3) Portraits in Revolution http://portrevolt.com/node/183
(4) 朝日新聞、２０１０年9月18日
(5) 週刊ダイヤモンド、２０１０年8月28日号
(6) 朝日新聞、２０１１年1月28日、池上彰の新聞ななめ読み
(7) 朝日新聞、２０１０年10月1日
(8) 渡辺京二（著）『黒船前夜―ロシア・アイヌ・日本の三国志』洋泉社、２０１０
(9) 朝日新聞、２０１０年12月21日
(10) 村上龍（著）『自殺よりはＳＥＸ』ベストセラーズ、２００３

ジャパン・シンドローム

格差社会のことをいろいろ書きましたが、最近は「ジャパン・シンドローム」という言葉まであります[1]。世界でもっとも顕著な少子高齢化社会に突き進む日本のありよう全般を指すようです。少子高齢化を主な原因として政治的にも経済的にも国力が低下していく日本という意味です。昔聞いていた「英国病」を思い出します。「ソブリン・クライシス sovereign crisis」[2]という語もあって、ギリシア同様の国家財政破綻が日本でも起こらないか心配されています。ただ、マスコミは悪いニュースがあればそれを煽る悪いクセがあります。煽ると視聴率が稼げるし、本も売れるでしょう。だから国民はマスコミ情報に踊らされないで冷静に物事を把握しなければならない。名目GDPで日本が中国に抜かれたからって、浮足立ってはいけない。中国の人口は日本の10倍ですから、1人当たりGDPは日本の10分の1でしかありません。

堺屋太一さんが赤穂浪士の吉良邸討ち入りを軸に元禄時代を描いた『峠の群像』[3]の発表が1981年です。堺屋さんは「日本はおそらく今がピークで徐々に活力を失っていくだろう、それが『峠の群像』を書いた理由です」と語りました。彼は通産官僚だったので日本人の年齢構成などから予測を立てたのでしょう。さらに堺屋さんは『平成三十年』[4]という予測小説を書き、平成30年になっても何もしなかった日本、と警告を発しました。

今、日本は何をなすべきか、マスコミでもさまざまな意見が出されていますが(5)、それらを整理する必要があるでしょう。「目標」の項目に書きますが、目標は短期、中期、長期で分けて考えるといいと思います。あるいは小規模、中規模、大規模と規模で分けてもいい。例えば小規模から大規模の順に並べると、①日本ブランドを作ろう、②元気のいい中小企業は世界に出て行こう、③官民一体となって世界へ売り込みをかける、④日本国内の人材を広く登用する、⑤海外との交流を進める、⑥ワークシェアリング、⑦科学技術立国、⑧研究・高等教育、⑨新産業の創出、⑩環太平洋パートナーシップ協定（ＴＰＰ）への位置づけといったことが考えられます。

以下それぞれについて考えてみます。

① 日本ブランドを作ろう

さまざまな日本製品の品質の高さは世界に認められています。例えば農産物、アパレル、精密機械、電器製品、自動車。

② 元気のいい中小企業は世界に出て行こう

中小企業でも世界に通用する技術を持つ会社は少なくない。世界でさまざまな利用、時には想定外の利用をしてもらえる道がある。これは政府や行政やJETROが後押しすべきです。中小企業自らだけに任せていてはいけない。

③ 官民一体となって世界へ売り込みをかける

シンガポールは従来、開発独裁国家という言い方がされていて、国力を高めるために国民の活動に国家が介入してきました。結果、1人当たりGDPでは、シンガポールは日本を抜きました[6]。人口350万人だったのですが、現在は500万人に達しているようです。世界中から人材を集めており、私の先輩の医学部教授もシンガポール大学に引き抜かれました。シンガポールは小国だから開発独裁ができたので、国の大きさが違う日本には参考にならないという意見もありますが、5000万人の人口の韓国も同じ方針で官民一体となってグローバル化（国際競争）に立ち向かっているように思えます。であれば日本もシンガポールを参考にできるでしょう。

④　日本国内の人材を広く登用する

なんだか幕末の建議みたいですが、実際、日本企業はグローバリゼーションと声高に叫んでいるものの、実行は伴っていません。マルドメという言葉があり、「まるでドメスティック」の略だそうです。国内だけに目を向けた、内向きの、という意味で、そのココロは日本国内で一番だったら別にいいではないか、ということです。これではダメです。中国、韓国、インドに勝てるはずがない。すでにアメリカへの留学生数は日本はこれら3つの国に追い越され、台湾からも追い越されています[7]。であれば、例えば社員の一定数は国内の大学院卒、海外の大学・大学院卒、あるいは高学歴外国人でなければならないというような、シンガポール流、あるいは韓国流を取り入れることを義務化してはどうでしょうか。極端かもしれませんが、そこまでやらないと現状の打破は難しそうです。企業はリスクを避けて現状維持、収益は再投資することもなく社内に抱え込む、では社会が元気になるはずがありません。

⑤　海外との交流を進める

これは④とも関連しますが、日本を物流や人的交流の中継基地にできないかということです。すでに韓国は仁川国際空港をアジアのハブ空港に位置づけています。シンガポールはチャンギ国際空港です。日本の場合は空港使用料が高すぎるとか、国がどの空港をハブ化したいのかよくわからないとか（羽田？　成田？　那覇？）、韓国やシンガポールに出遅れているとか、さまざまな弱点があるので戦略を練り直さなければいけないでしょう。

⑥　ワークシェアリング

この問題は世代間格差をどう解決するのかということです。「格差社会」の項でも触れましたが、現在は世代間格差が極端になっています。大学を卒業しても就職できない。中高年の一部は、若者に覇気がないからだという意見を言う人もいますが、その意見は視野が狭すぎます。そういう人が今、若者で就活をする立場ならおそらく就職できないでしょう。就職難の原因は個人の問題ではなく、社会構造的な問題だからです。であればこそ、この構造を改革しなくてはいけない。私は方法の1つはワークシェアリングであり、別の1つは後述の新産業の創出だと思います。若者に社会のひずみのしわ寄せをしてはいけません。働いている人たちは忙しくて仕方がない、過労死さえおこる状況である一方、若者に仕事がない、非正規労働が多い状態なら、ワークシェアリングの導入を考えた方がずっといいでしょう。ワークシェアリングの先進国、例えばオランダの経験に学ぶなどして、導入したらどうでしょうか。現在働いている人たちの収入が減っても時間のゆとりができるなら、その時間を有効に使えないでしょうか? お金をかけない旅行や趣味、ボランティアや副業などさまざまな可能性を検討して、社会の充実を図るとよいと思います。

⑦ 科学技術立国

2011年1月5日に日本経団連など3つの経済団体が新年のパーティーを開き、その場で日本商工会議所の岡村会頭は、「日本は科学技術立国を国家目標とすべきで、それには官民一体とならなくてはいけない」と述べたそうです(8)。2010年のノーベル化学賞を鈴木先生と根岸先生が受賞しましたが、彼らの開発したクロスカップリング法は液晶ディスプレーや医薬品開発に実用化されました。科学技術が産業に生かされた好例です。

2009年には民主党の事業仕分けで、蓮舫議員のあの発言「世界一になる理由は何があるんでしょうか?」「2位じゃダメなんでしょうか?」(9)がありました。その後、この発言はさんざん批判されました。(一方、科学者も広く世間の理解を得る努力をして、誤った認識が生じないようにすべきですが)。科学の世界では最初の発見こそが意味がある。経済の世界でも勝者が総取りする時代です。2位でいい、などと言ってほしくないし、責任ある立場の人がそんなユルイ認識ではいけないでしょう。日本が生き残るためにはナンバーワンあるいはオンリーワンの領域をいくつも持たないといけないのです。岡村会頭の発言は、政治家よりも経済界の方が危機感を持っていることを示したと言えるでしょう。

ヨーロッパの小国ルクセンブルグの1人当たりGDPは日本のそれのほぼ3倍[6]。ルクセンブルクでは多様な産業が発達し、民間セクターにおける経済活動が極めて盛ん。国内産業は重工業と金融の割合が大きい。国策として情報通信産業振興を図った結果、欧州の情報通信産業の中核を担うとされています[10]。わが国の場合も国策として科学技術立国を目指せばよいのではないでしょうか。

⑧　研究・高等教育

前項と共通する部分もありますが、科学技術には文系の科学（人文科学・社会科学）も含んで考えたい。理系の科学だけでは経済発展につなげる力は弱いですし、さらにその基礎に哲学的などっしりした思想を置いてほしい。

例えば、ＭＢＡ（経営学大学院修士）は経営学の基礎と応用を理論的に学びますし、同時にＭＢＡ同期の世界中の人脈を作ることが可能です。岩瀬大輔さんはハーバード大学のＭＢＡを資本主義の士官学校と表現しました[11]。別項で述べる「交渉力」の本[12]もハーバード大学ＭＢＡの教授陣の著作ですし、2010年に大きな話題となったマイケル・サンデル教授の白熱教室[13]もハーバード大学の講義です。

アメリカは凋落の兆しが見え始めたといっても、まだ世界一のGDPを持っています。今日の資本主義や科学技術を常にリードしたのもアメリカです。世界中からアメリカに留学するのも当然とは思います。アメリカと同様に留学者が行くのはイギリスです。イギリスにもいくつもの有名な大学があります。2010年のフィナンシャルタイムズの世界MBAランキングトップ100校[14]にもイギリスの多くの大学が掲載されています。ちなみにMBAランキングでは日本の大学はトップ100校に入っていません。客観的評価によるランキングは難しいですが、Times Higher Education World University Rankingsの世界トップ200校（総合評価）に入っている大学は、アメリカ72校、イギリス29校、日本5校と大きな差があるのも事実です[15]。

そこで日本は研究推進、高等教育を求める質の高い留学生を本気で受け入れる国になれないでしょうか。海外からの留学生は将来その国の指導層となることが多いのです。日本で高等教育を受けて帰国後は日本のファンやサポーターになってもらえれば政治的にも経済的にも大きな意義があるでしょう。イギリスやアメリカやフランスはそうやってきたのですから。

⑨　新産業の創出

具体的な産業の一例は、科学技術立国の話とつながりますが、航空機産業ではないでしょうか。実際、ＭＲＪ（三菱リージョナル・ジェット）[16]の開発が官民一体で始まっています。ぜひ成功させて、官民一体で進める新産業創出のモデルケースになってほしいと思います。政府は航空機を自動車、家電に続く主力産業に育てたいようです。航空機はすそ野の広い産業です。ＭＲＪのような中型機のライバルはカナダやブラジルなどですが、参入する余地はあると思いますし、私は大賛成です。

⑩　環太平洋パートナーシップ協定（ＴＰＰ）

ＴＰＰへの参加の可否を調べていたところ、２０１１年3月11日に東北関東大震災（東日本大震災）が起こりました。大震災については巻末にもふれますが、日本社会への影響を考えるとＴＰＰへの参加は考えにくいでしょう。日本経済にそれだけの余力もないし、復興第一になるはずだし、ＴＰＰ参加諸国も日本の参加を期待しないだろうからです。ＴＰＰの問題点についての図書[17]を紹介しておきます。

以下は大震災前に考えていたことがらです。先日の朝日新聞に編集委員の西井泰之さんが、「現在の日本の若者冷遇社会は１９７０年代カンボジアのポル・ポト派による自国知識人大量虐殺[18]や第2次大戦中のソ連軍によるポーランド人捕虜の大量虐殺（カチンの森事件）[19]を想起させる愚かな有り様ではないか」と書いています[20]。どちらの虐殺も社会の中堅層を抹殺して社会そのものの構造を揺るがすものでした。「日本の若者の『雇用の不条理』を放置すれば、成長どころか地域の閉塞や年金、医療の崩壊で、社会が死に至る病になりかねない」[20]かもしれません。村上龍さんは2000年に以下のように書いています[21]。国家建設とはほど遠い公共事業、決して全容が明らかにされない金融機関の不良債権、第三セクターの負債、日本には明らかに「逃げ切ろう」としている連中がいて、彼らが人生からリタイアする頃、日本経済は本当の破綻を迎えるのかもしれない。

10年後の現在、このことが現実化して若者にすべてのしわ寄せが行っているようです。若者は消費者として企業から商品を買い、税金を払い、年金で高齢者を支えてくれます。彼らの収入がなくなれば、他の年齢層もすべて立ち行かなくなるのはわかりきっています。若者の車離れ、旅行離れなどとマスコミは言いますが、実はお金がないから買えないだけだということは公然の秘密です。「求職と求人のミスマッチ。中小企業には就職できる」というのもいい加減な話でしょう。なぜなら、大企業が採用を削減した雇用を中小企業がすべてカバーできるはずがないからです。

中国が清の末期に、改革派と旧守派に分かれて争ったような国内の政争に明け暮れてしまうと[22]、改革の時間は残らなくなるでしょう。政治の役割は極めて大きい。政治家の皆さんの覚醒をお願いしたいです。「何もしなかった日本」にならないように。

〈注〉

（1）JBpress「日本の将来：ジャパンシンドローム」（原著は英エコノミスト誌　２０１０年11月20日号）
http://jbpress.ismedia.jp/articles/-/4904
（2）みずほ総合研究所（著）『ソブリン・クライシス』日本経済新聞出版社、２０１０
（3）堺屋太一（著）『峠の群像』日本放送出版協会、１９８１
（4）堺屋太一（著）『平成三十年』朝日新聞社、２００２
（5）ＮＨＫ、「２０１１　ニッポンの生きる道」http://www.nhk.or.jp/special/onair/110101.html
（6）１人当たりGDPの世界ランキング（２００７年）http://www2.ttcn.ne.jp/honkawa/4540.html
（7）アメリカへの留学の動向、http://kagakusha.net/alc/contents_files/rikei_daigakuin_ryugaku_data3.pdf
（8）ＮＨＫニュース、２０１１年1月5日　http://www.dailymotion.com/video/xgf8al_yyyyyy-yyyyy_news
（9）YouTube　http://www.youtube.com/watch?v=mTX8pPm8j4
（10）ウィキペディア「ルクセンブルグ」
（11）岩瀬大輔（著）『ハーバードMBA留学記：資本主義の士官学校にて』日経ＢＰ、２００６
（12）ディーパック・マルホトラ、他（著）、森下哲朗、他（訳）『交渉の達人』日本経済新聞出版社、２０１０
（13）マイケル・サンデル（著）『これからの「正義」の話をしよう：いまを生き延びるための哲学』早川書房、２０１０
（14）Financial Times, Global MBA Rankings 2010　http://rankings.ft.com/exportranking/global-mba-rankings/pdf

(15) Times Higher Education World University Rankings, The World University Rankings 2010
http://www.timeshighereducation.co.uk/world-university-rankings/2010-2011/top-200.html
(16) ウィキペディア「MRJ」
(17) 廣宮孝信（著）『TPPが日本を壊す』扶桑社、２０１１
(18) ウィキペディア「クメール・ルージュ」
(19) ウィキペディア「カティンの森事件」
(20) 朝日新聞、２０１１年1月18日
(21) 村上龍（著）『アウェーで戦うために』光文社、２０００
(22) 浅田次郎（著）『蒼穹の昴』講談社、１９９６

中国

２００９年から２０１１年にかけて日中間にはさまざまなことが起きました。２００９年12月には民主党国会議員１４３名が中国を訪問して胡錦濤国家主席と一人ひとり握手と記念撮影をしました[1]。中国は周辺諸国を属国とみなす朝貢の長い歴史を持っています。朝貢を連想した日本人は少なくなかったようです[1]。何のために国会議員が大挙訪中したのでしょうか。よく理解できません。

2010年9月、尖閣諸島沖の中国漁船による日本の巡視船への体当たり事件があり(2)、続いて漁船船長の逮捕と釈放、海上保安官によるYouTubeへのビデオ映像流出と処分、中国による日本の建設会社フジタ社員の逮捕と釈放、中国の日本に対するレアアース輸出差し止めがありました。

2011年には名目GDPで中国が日本を抜いて日本は世界3位になりました。中国は現在、世界経済の牽引車です。日本の隣国ですし、世界の人口の5分の1ですから(インドの人口は中国よりやや少ない)、日中関係が重要であることは明らかです。

しかし、日本と中国の価値観は大きく異なります。日本は民主主義、資本主義、自由主義の国で国民の人権は憲法で保障されていますが、中国は共産党の一党独裁で、集会・結社・言論の自由は制限されています。人権活動家で作家の劉暁波氏が2010年のノーベル平和賞を受賞しましたが、彼は一党独裁の廃止を求める「08憲章」を起草したとして、懲役11年の実刑判決を受けて服役中です(3)。

日本人の価値観は欧米の価値観に近いと言われています(4)。中国が将来民主化されて一党独裁でなくなり人権が尊重される国になれば、日本人と価値観を共有できるようになるのかもしれません。なお、池上彰さん(5)は現代中国の概要をわかりやすく紹介しています。

日本の若者も中国で働いています。一方、中国の若者も日本のファッションや漫画は好きとのこと。信じすぎず、嫌わず。程よい距離感がよいでしょう。

〈注〉
（1）ウィキペディア「小沢訪中団」
（2）ウィキペディア「尖閣諸島中国漁船衝突事件」
（3）asahi.com, ２０１０年12月11日　http://www.asahi.com/international/reuters/RTR201012110024.html
（4）梅棹忠夫、小山修三（著）『梅棹忠夫語る』日本経済新聞社、２０１０
（5）池上彰（著）『そうだったのか！　中国』集英社文庫、２０１０

職業選択

人生のいつ頃、自分の仕事を決めるといいかは一概に言えません。でも、スポーツ、芸術の領域では早く決めることが大切です。プロゴルフやテニスや野球やサッカーで有名な選手たちの多くはそうです。

勉強についても早く目標を立てる方が高いモチベーションにつながるのかもしれません。本人または身内が子どもの時に重病を経験したので、医療職を目指したという話はよく聞きます。早く目標を立てるには、村上龍さんの『13歳のハローワーク』はいいアドバイスになるでしょう。

漫画の『ドラゴン桜』では、「とにかく東大理科Ⅰ類に合格しろ、東大に入学すればどの職業にでもつくことができるから、職業選択は入学してから考えればいい」と書いています。そうかもしれません。でも、それでは味気ないので、別のクリエイティブな生き方もあるべきだし、あるだろうと思います。

しかし、近年、不況の影響でこんなことは言っておれない状況です。朝日新聞の公開シンポジウムで、日本電気人事部長、牧原晋さんが語っています。

「日本の大手企業はバブル期に多くの人を採用しており、今後10年は新卒採用がしづらい。また、グローバル化が進み、海外へ生産拠点を移すだけでなく、本体にも海外の人材を雇わないと生き残っていけない」。[1]

小学生でさえ、大人になって就職できるか心配しています[2]。政治家も官僚も経済界も大至急、雇用に全力を注ぐべきです。

〈注〉

（1）朝日新聞公開シンポ・大学教育と職業との接続を考える―実りある就活のために
http://www.asahi.com/edu/news/TKY201011290184.html

（2）日テレ「ＤＯＮ！」イマドキ子ども事情　小学生のホンネ大調査‼（２０１０）
http://www.ntv.co.jp/don/contents02/2010/10/post-116.html

困難

生きる上で困難はつきものです。稀には恵まれた環境にあって、困難らしい困難に出会わない人もいるかもしれませんが、普通はそんなことはありません。困難なときにどうするか。一つは人的なセーフティ・ネット。家族や友人や先生や理解者がいること。次に趣味や娯楽など気分転換の方法を持つ。それから気力と体力、経済力。優れた書籍や宗教が支えになることもあるでしょう。重要なものとしては時間です。苦しくても時間がたつと苦しみは軽くなることも少なくありません。百人一首にも「ながらへばまたこの頃やしのばれむ　憂しと見し世ぞ今は恋しき」（藤原清輔）があります。困難に正面から向かっても解決できない場合、斜に構えるのもいいでしょう。

障害者郵便悪用事件に巻き込まれた、厚生労働省の村木厚子元局長が文芸春秋に手記を載せていて、彼女は冤罪に屈さなかったのは、気力・体力・経済力・家族・優秀な弁護士の5つの要素が大切だったと語っています(1)。

精神科医の春日武彦さんが書いた『援助者必携　はじめての精神科』という本があります。精神障がい者へ関わる医療者に向けて、仕事が持続できるようなアプローチの方法が愛情込めて書かれていて、困難に対処する方法としても応用可能です。春日さんのスタンスは臨床心理士と同じく、患者さんに寄り添うけれど、適度な距離を置いて、というやり方です。精神障がい者にとって、「我々は、

『互いに納得ずくで、あえて本質に触れない会話を続けていける存在』だとわたしは思う[2]」。

なかなか難しいことですが、「けっきょくは『ムカついても、根気よく冷静沈着なトーンをキープする』ことが自分にとっていちばんストレスが少ないことに気づくだろう」とも書かれています[2]。日本が理不尽な近隣諸国に対するのにも、このスタンスが大切でしょう。怒れば負けよ、かもしれません。

春日さんの孫引きになりますが、雑誌「プレジデント」の仕事や人生Q&Aコーナーで、「電車内暴力に遭遇したらどうすべきか」という設問に作家の山本一力さんは「おのれに恥じず、勇気を持ってその場を去れ」と書いているそうです。「当事者・第三者のいずれの場合でも、相手に立ち向かうのは、わたしは蛮勇だと思う。…無事こそが大事だ。家族を思えば、逃げることをわたしはためらわない[2]」。私もこのスタンスを支持します。

私の尊敬する先輩からいただいた年賀状に、同居しておられる80代後半のおばあちゃんの年賀のあいさつが書いてありました。「逆らわず、いつもにこにこ、従わず」。さすが年の功だなと思ったことでした。「理解者」の項目でも引用した『バガボンド』で、武蔵と吉岡清十郎の2人は「ゆるいけれども軽くはないのだ」と描かれています。達人とはそういうものかもしれません。

仕事上さまざまな困難に遭遇するかもしれません。そんな時、トラブルの種は未然に防ぐ方がいい場合が多い。私はそれを自分では初期消火と呼んでいますが、過剰に反応するのもよくないのでバランスが難しいです。

困難に関連して、ストレスについても述べましょう。最近、ストレスの生物学的意味・評価に関する面白い論文[3]が発表されました。リスザルを使った研究ですが、軽い精神的ストレスは空間認識を高めるとともに海馬の神経細胞を増加させるとのこと。強すぎるストレスは不適当としても、軽いストレスはあった方が生きる上でプラスになりそうです。前向きに考える方がいいのでしょう。

〈注〉

（1）村木厚子『私は泣かない、屈さない』文芸春秋、２０１０年10月号

（2）春日武彦（著）『援助者必携、はじめての精神科』医学書院、２００４、25、１４４、１５３頁

（3）Lyons DM et al., Proc Natl Acad Sci U S A 107: 14823-14827, 2010

悪意

人間は良いことも悪いこともする動物ですから、時には他人の（あるいは自分の）悪意に遭遇することもあるでしょう。

リンゴ農家の人が街にリヤカーでリンゴを売りに来たのですが、用を足したくなって、リヤカー

をそのままにして、その場を離れました。通りかかった人が、リヤカーにリンゴが積んであるのに誰もいないので、1つくらいもらってもいいだろうと思って、盗ったそうです。他の人も、自分も1個、ということで次々に盗っていき、農家の人が帰ってきたときにはリンゴは残っていなかったそうです。

この話の人には気の毒ですが、人間には弱い気持ちがあるので、悪意が芽生えないともかぎらない。だから悪意が芽生えるきっかけを作らないようにしておくことが大切です。リンゴがリヤカーでなく、トラックに積んであったのなら、カギをこじあけてまでリンゴを盗ろうとする人はいなかったでしょう。

失敗

失敗もまた人生にはつきものです。私も今までをふりかえるとたくさんの失敗をしてきました。小さな失敗から影響の残るような大きな失敗まで。それでも言えることは、失敗後の反省は必要だが、後悔をしてはいけないということです。反省は、次に同じ失敗をしないためにはどうしたらよいか考えること。後悔は今後にプラスにはならないので、しない。気持ち的にはどうしても気になるでしょうが、そういう時は気分転換をはかりたい。時間が経てば気持ちも落ち着くものです。

失敗はしない方がいいですから、重要なことを行う場合にはバックアップを考えておくべきでしょう。万一失敗しても、その失敗を最小限にする手だてを考えておく。さまざまな面で実力がついてくると失敗することも減っていきます。でも、そういう時も慢心しないこと。気持ちを平穏に保って、決断することが大事でしょう。

迷信

若い女性は占いが好きなようです。ある女性が占いで「あなたの前世は武士です」と言われたと喜んでいました。水を差す気はないですが、ちょっと心配になります。「それって、迷信じゃ?」と私が尋ねたら、「よみがえりを信じているんです」と返事されて、困ってしまいました。クリスチャンの言う復活だって同じじゃないですか、と突っ込まれたら私は反論できそうになかったからです。

ネットで調べたら、カトリック松原教会の神父さんが書いた記事(1)がありました。「すべての宗教は迷信であると考えている人に、キリスト教も迷信ではないかと言われたことがあります。私は宗教と迷信の根本的に違うところは、喜びと怖れだと答えました。つまり、まことの宗教は人に喜びを与えるが、迷信はたいてい怖れをおこすのです」。この記事である程度は説明できますが、占いの話では、よみがえりが怖れをおこしているのではないから納得してもらえないかもしれません。

宗教と迷信の違いを考えてみると、信者の多い、歴史のある宗教（例えば世界の3大宗教）では宗教学・神学による理論化が挙げられます。復活は単なるよみがえりではなく、宗教的な意味を持っています。占いで言われる前世やよみがえりには特別な意味や価値観はありません。ちなみに、佐藤優さんは「ある程度学問的な訓練を受け、さらに自然科学的な世界観を受け入れている現代人が、まったく神学的な操作なしに信仰を保ちうるだろうか」(2)と興味深い指摘をしています。また、欧米の進化の教科書では進化学と信仰とは両立できるとわざわざ書かれています(3)。

気になるのは、子どもたちの間に死んでも生き返るという、おかしな考え方があることです。コンピュータ・ゲーム同様、失敗したらリセットすればいいと思っているらしいのです。文部科学省の子どもの自殺についての実態調査(4)では、小4から中2の子どもの10％が「人は死んでも生き返る」と考えていると指摘されています。このような考え方の背景を分析して、誤った考えに陥らない対策を講じなくてはいけないでしょう。生物や生命についての理解を深め、尊重するこころを養うための理科教育や倫理教育の充実が必要かもしれません。塾通いやゲームが盛んになったためにおろそかになった外遊びや土いじりや仲間とのふれあいも重要と思います。

〈注〉

（1）カトリック松原教会ホームページ　http://www7.plala.or.jp/cmc/chris-4.htm

（2）佐藤優（著）『神学部とは何か』新教出版社、２００９、47頁

（3）ニコラス・H・バートンほか（著）、宮田隆ほか（監訳）『進化―分子・個体・生態系』メディカル・サイエンス・インターナショナル、２００９、90頁
（4）文部科学省審議会情報、２００９
http://www.mext.go.jp/component/b_menu/shingi/toushin/__icsFiles/afieldfile/2009/04/13/1259190_4.pdf

未熟さ

若い人を見ていると時々、未熟だなあと思うとともに、自分を振り返ると自分も若い頃は未熟だったし、今でも未熟なのだろうと考えることがあります。

『島耕作』という有名な漫画があります。私は最初この漫画を食わず嫌いでした。というのは、主人公が順調に出世して社長になっちゃうというのは調子良すぎると思っていたからです。でも、そう捉えるのは視野が狭いのかもしれません。本当はこの漫画はビジネス情報漫画であり、主人公の島耕作はエンタテインメント性を漫画に与えている存在です。それに気づいてからはこの漫画を十分楽しめるようになりました。気づかなかったのは自分が未熟だったからです。

山本一力さんの単行本『にこにこ貧乏』[(1)]の中で、山本さんは20歳頃の経験を書いています。あこがれの女の子がいて、デートを申し込みたいけれど、断られるのが心配で申し込めないでいた。

意を決して申し込んだら、幸いにもデートを承諾してくれた。まだ20歳の若者のことなので、デートをどう進めたらいいのか見当がつかない。背伸びして高級レストランに行くけれど、メニューもよくわからない。山本さんは映画が好きだったので、フランス映画「男と女」（クロード・ルルーシュ監督、1966年）を何度も見た話をすると、彼女もその映画が好きだったので大いに盛り上がる。食事が足りなかったので、追加注文をすることにした時に、ボーイさんに映画のセリフのとおりに、「（追加注文は）部屋を1つ」と言ってしまう。

このあとのことは書いてありませんが、彼女が憤然として帰ってしまったことは容易に想像できます。映画の場合は人生経験豊かなおとなで、しかもつれあいをなくした者同士です。ちょいワルおやじならともかく、こういうセリフを言うことは20歳の若者にできる芸当ではありません。

もう1つ、映画の例を挙げてみます。ジョン・トラボルタの出世作「サタデー・ナイト・フィーバー」（1977年）はニューヨークの下町に住むイタリア系の若者たちの話です。酒を飲んで気が大きくなって、ブルックリン橋の欄干を登り始め、仲間の1人が誤って夜のイースト川に落ちて死んでしまいます。

ここまで極端でなくても、若い時分には分別が乏しいのはやむを得ないことでしょう。年をとるにつれて、苦労もして、考えるようになって判断力が身に付いてくるのです。若い時分に分別を欠くがゆえに失敗しても再度の挑戦ができる、そういう社会であってほしい。この不景気の時代、悠長なことは言っておれないのでしょうが、懐の深い社会であればこそ不景気も乗り越えて行けるのではないでしょうか。

「物言えば唇寒し秋の風」という芭蕉の句があります。人の悪口を言えば後味の悪い思いをするという意味のほかに、余計なことを言うと災いを招くという意味にも用いられています。私は後者の意味は嫌いです。いろいろ発言するより黙っていた方が得ですよという感じがして、自己実現や社会貢献とは違う位置にあると思われるからです。

昔、青壮老の三一致という言葉がありました。青年の元気・壮年の実行力・老人の知恵という三者が力をあわせて社会を発展させようという意味です。それぞれが自分の強みを出し合って協力する。そうありたいものです。

最近、若者の無鉄砲さを説明するような神経科学の研究成果が報告されました(2)。神経科学の発展は他の項目でも何度かふれますが、人間理解に有益なさまざまな知見を提供しつつあり実に興味深い分野です。

〈注〉

（1）山本一力（著）『にこにこ貧乏』文藝春秋社、2007

（2）Pattwell SS et al, Proc Natl Acad Sci U S A 108:1182-1187, 2011

小さな勝利

私は9年前に私立病院に来てから、小さな論文が大半ですが、赤ちゃんの生理学を中心に21編の論文を書きました。「論文の書き方」の項目で詳しく述べますが、論文にもランクがあり、日本語の商業雑誌に掲載する論文が一番簡単です（私は商業雑誌の存在意義も大きいと思っています）。そんな論文を中心に書いたのです。友人から、「どうしてそういう雑誌にばかり書くの？」と尋ねられました。私は「書いているうちにいいものもできるのじゃないかと思って」と答えました。書いていないと書き方を忘れる気もしました。

『工学部ヒラノ教授』(1)を読んでいたら、著者の今野先生が工学部でも伝統的に「（論文は）量産せよ、質はあとからついてくる」と言われている、実際私もそうした、と書いておられて、わが意を得たりと思いました。一流の研究者である今野先生には及びもつきませんが、私自身も前述の21編の中に3編の英語論文があります。

さらにサッカーの日本代表ディフェンダーでドイツのチーム、シャルケで活躍する内田篤人選手が書いています。

「どんなサッカーをすれば、日本代表はさらに強くなれるか。戦術論より何より、とにかく勝ち続けて『勝ち癖』をつけることが大切だと感じる。…勝つ経験が次第に強みに変わり、運を引き寄せられるようになる感覚だ…。何事にも動じない自信や落ち着きは勝たなければつかめない。だから、たとえ親善試合でも僕は結果にこだわりたい」。(2)

この姿勢が大切だし、必ず役に立ちます。今、とりわけ若い人たちの苦難の時代、仕事で、生活で、小さな勝利でいいからそれを続けてほしい。あきらめることなく。

〈注〉
（1）今野浩（著）『工学部ヒラノ教授』新潮社、2011
（2）朝日新聞、2011年2月15日

読書

読書は日々の楽しみの1つです。新聞や週刊誌や漫画を含めて読書と言っていいでしょう。日本では1年間に7万8000点以上（2009年）の新刊書が出版されるそうです(1)。

新聞は日々の世の中の動きを伝えます。週刊誌は新聞と多少違った切り口です。新聞も週刊誌も発行会社の考え方や立場によって、内容に違いが見られます。記事を鵜呑みにしないで、批判的に読むことが大切でしょう。

漫画には高いレベルを持つものも少なくありません。しかし、漫画以外の読書をしないと、活字から内容を読み取る力は養われません。活字から内容を読み取る作業は、「想像力」の項目に書いたように、イメージを湧かせて、考察する力を養うでしょう。

書店での立ち読みも楽しい気晴らしです。何を読むか決めないで行くのもいいですが、いつもそうだと飽きてしまいます。私は新聞や週刊誌の書評に紹介されている面白そうな本を探します。最近人気の本は新刊書のコーナーに積まれています。

古典やセミ・クラシックは、何を読むか決めておかないと手が出にくいかもしれません。その理由は、分厚い本が多い、違う時代の違う国の話が多い、内容が硬い、今の流行とはかなり違うといったところでしょうか。でも中には薄い本もあるし、今読んでも古くない内容の本もいっぱいあります。食わず嫌いは損だと思います。私の読んだ本（シリーズ物を中心に）の一部を紹介すると、学生時代には漱石、ドストエフスキー、ロマン・ロランなどを読みました。漱石の『虞美人草』は美文体が好きだったこともあって何度も読み直しました。ドストエフスキーとロマン・ロランの小説は長いので、学生時代読むのに適当です。仕事に就いてからは司馬遼太郎さんを多く読み、その後は塩野七生さんの『ローマ人の物語』、井沢元彦さんの『逆説の日本史』などを読みました。日本史全体には通奏低音のようなものが流れている、それは言霊《ことだま》信仰である（言葉に霊が宿る）という井沢さんの指摘は新鮮でした。

英文の読書も楽しいです。難しくない英文で気軽に読める本として、Robert B. Parker の Spenser シリーズもかなり読みました（Berkley 出版）。ボストンの私立探偵スペンサーが主人公のミステリーです。著者の楽天的な生き方が感じられて読後感がさわやかです。

外国の文学作品は翻訳ではニュアンスが違うことも多いです。加藤周一さんは、外国語の詩は日本語に訳するとわからなくなると言います(2)。しかし、村上春樹さんの著書の英訳者ジェイ・ルービンさんによると、翻訳はクラシック音楽演奏家の演奏と似ていて、原作に翻訳者の解釈が入るけれども、それはそれで面白いのではないかと言っています(3)。

何かを調べるときには、少なくとも数冊～10冊の書籍を比べて、その中で適切と思われるものを2～3冊購入するのがいいでしょう。1冊だけでは知りたい内容が十分記載されているとはかぎりません。そのためにも立ち読みが重要で、オンライン書店の場合、そこが難しいと思います。アマゾンはある程度、中身を見る工夫をしていますが、実物を手にとって確かめることにはかないません。

専門書についても、書籍選びが大切です。例えば、私は医学統計学の本を10冊以上購入しましたが、最もわかりやすかったのは『一目でわかる医療統計学　第2版』(4)でした。この本は訳本で、多少、誤植や原本の一部の省略があるので、原本“Medical Statistics at a Glance, Third edition”

と併用しました。専門書が洋書の場合、訳本と原本を併用すると、専門用語が原語（主に英語）でどう言うかもわかりますし、英訳や和訳の参考にもなります。

また、加藤さんは自然科学と人文社会科学の違いに言及して、「自然科学では時間とともに進歩があるが、人文社会科学では時間とともに発展はあっても、自然科学でいうような進歩はない」と言っています[2]。自然科学では過去のすべての業績を踏まえたうえで自分の新しい知見を加えるのに対して、人文社会科学では過去のものでも現在十分通用する性格を持つからです。例えばシェークスピアは古いけれども、シェークスピアの描いた人間の感情の綾は現代にも共通しています。

加藤さんは「本を読んで理解するには「言葉」という象徴と、言葉が象徴する「経験」の2つの要素が重要だ」[2]とも言います。言葉で書かれている内容を比較検討できる現実の経験があれば、内容が深く理解できるので、若いときに読んだ本を後年読み直すと違った印象を受けるというのがその例でしょう。

最近の読書法は何種類かの本を並行して読むやり方が多いようです。私もそうです。現代は忙しいですから、1冊1冊集中して読むのはなかなか難しい。私は、①自分の仕事に直接関連した専門書（新生児学関連）、②今すぐ現場では使わないが、実力を高めるための専門書、③他領域も含めた科学書、④小説、⑤随筆・ノンフィクション、⑥実用書、⑦漫画、などを並行して読みます。外に出かける時にもよく本を持って行きます。外で読む時は明るさに気をつけましょう（明るすぎない、暗すぎない)。交通機関で移動中の読書では、目が疲れて視力低下の原因にならないように、揺れがひどい時は読まない、ときどき目を離すなどの注意は必要です。

〈注〉

(1)出版メディアパル　http://www.murapal.com/2009report.html

(2)加藤周一(著)『読書術』岩波現代文庫、2000、148-153、183頁

(3)English Journal, 2007年6月号、アルク

(4)アヴィヴァ・ペトリーほか(著)、吉田勝美(監訳)『一目でわかる医科統計学　第2版』メディカル・サイエンス・インターナショナル、2006

結婚

近年は結婚のかたちも多様化して、法的な結婚ではない事実婚も珍しくないようです。古い考え方と思われるかもしれませんが、やはり正式な結婚が望ましいと私は考えます。フランスは事実婚が多いけれど法的に守られているために、結果的に出生率(1人の女性が一生の間に産む子どもの数)が先進国としては高いとのことです。日本の少子化対策としてこの制度が適当かどうかは吟味されなくてはなりません。法律、習慣、ものの考え方との整合性がないと実現は困難

でしょう。事実婚の場合、夫婦だけでなく、子どもの人権が守られることが重要です。最近は複雑な家族構成の家庭が増加しているようです。複雑な家族構成は家族一人ひとりにとってハンディキャップになりやすい恐れがあります。昔の日本では結婚は家と家のあいだで行われるものだったので、その反動として事実婚が増えてきた可能性もあるでしょうし、近年の不況による経済的困難のために事実婚になることもあるでしょう。行政だけでなく社会全体が複雑な家族構成の家庭を守らなくてはいけないのだと思います。

ですから、まだ結婚していない人たちには、できれば正式な結婚をしてもらいたいと思います。それも双方の家庭の親御さんの十分な理解を得た上で。自分たちだけで自立するのが理想かもしれませんが、この複雑な現代社会ではそう簡単ではありません。双方の家族の了解を得ておけば、経済的、また精神的な困難に遭遇した時もサポートしてもらえるでしょう。また、子どもも安全であたたかい環境で育てられる可能性が増えるでしょうし、おじいちゃんやおばあちゃんにとっても、子や孫との交流は生きがいの1つでしょう。人は自分だけで生きているわけではない、社会的存在だから、あたたかい家庭を築くことはとても大切です。

配偶者《つれあい》について考えてみます。配偶者は人生の同僚、あるいは戦友の側面を持っています。恋愛状態にあるときは戦友だなんて即物的な言い方はもちろんしません。いろいろ苦労や経験を積んでくると、配偶者はそれらを共有したり、受け止めてくれるのです。配偶者は自分とは違う人格ですから、違うものの見方をします。違うから困るというよりも、違うことのメリットの方が大きい。自分と違う視点でものを見てくれるので、それが参考になります。よくある表現ですが、結婚によって嬉しいことは2倍に、つらいことは半分にできます。そうありたいものです。

『セックスしたがる男、愛を求める女』[1]という本では、男はテストステロンの作用でセックスへの関心が強く、女はオキシトシンの作用で平穏な愛を求めると説明しています。それなりに説得力はあるのですが、一般書なので文献が書かれておらず、著者たちの主張が妥当かどうか詳しく検討できないのは残念です。少なくとも言えることは男女間で恋愛や結婚や家庭に対する考え方は異なることです。だからこそ、その違いが昔から文学の主題になってきました。『源氏物語』は平安時代の貴族の世界の物語ですが、これらの問題はこの小説のメインテーマです。普遍性を持つ小説なので世界20言語以上に翻訳されている[2]そうです。光源氏は一種のスーパーマンですから、あまり現実的ではないけれど、彼の子どもたちの世代は現代でも身近にみられるような人物に造形されています。例えば、夕霧と雲居の雁夫婦の場合は、夫の夕霧は結婚するまでは雲居の雁に対して一生懸命だったのに、結婚後は親友であった柏木の未亡人落葉の宮に恋心を募らせたりして、今でもありそうな話です。

以下はあまり根拠のない話ですが思うところをつづってみます。女性は性周期にしたがっておよそ1カ月に1回排卵します。成人女性の卵巣には約10～20万個の卵胞があって1性周期ごとに1個の成熟した卵子が子宮に向かって放出されます。これが排卵です。2卵性双胎《ふたご》の場合は2個の卵子が放出されます。セックスによって男性から数億個の精子が女性の膣内に放出され、子宮を経てそのうちの1個だけが卵管膨大部で卵子と受精します。以上は医学的な事実です。以下、私が思うことですが、精子はこれほど多数が放出されるのに、卵子は多くの場合1個にすぎません。精子の役目は自分のDNA（遺伝情報）を広めることでしょう。それが理由で男性はセックスにひかれるのかもしれません。女性は1個しか排卵しないので、多数の男性に目移りするよりも特定の男性と確実な関係、安定した家庭を望むのではないでしょうか。松任谷由実さんの「魔法のくすり」という曲があります。男は常に最初の恋人になろうとする、一方、女はみんな最後の愛人でいたいと思うと歌われています。そうなのかもしれません。

子育ては哺乳類では多くの場合、母親が行います。母キツネが子キツネに、また母ライオンが子ライオンに狩りの仕方を教える映像を見ると、男性の子育てにおける役割はあまり大きくないのかという気もします。次世代を残すという点では男性の役割は低いと、ひどいことを言う人もいます。ただし、女性だけの単性生殖であれば自分のDNAと同じものを次の世代に伝えるだけですから、これでは進化はおこらないし、環境の変化に対応することもできません。男性と女性の有性生殖があって子どもは両親の半分ずつの形質を受け継ぎますし、受精の過程で染色体の組み換えがおきて、さらなる多様性を獲得していきます。

〈注〉
（1）アラン・ピーズほか（著）、藤井留美（訳）『セックスしたがる男、愛を求める女』主婦の友社、2010
（2）ウィキペディア、源氏物語

兄弟姉妹

最近は少子化のために一人っ子の家庭も少なくないようです。昔は家庭の子どもの数は多いことが普通でした。兄弟姉妹がいる良い点は切磋琢磨しあえること、社会性を容易に獲得できること、助け合えることなどがあります。一人っ子の場合は共同生活の体験をさせるといいように思います。保育園・幼稚園・学校・クラブ・習い事など集団教育に参加したり、近所や親類とのつきあいもいいでしょう。ただし、親も子どももつきあいが楽しければ行けばいいし、そうでなければ無理に行く必要はありません。楽しめることが大切です。

一方、兄弟姉妹の問題点もあります。兄弟姉妹の中で比べられたり、親から好かれたり、そうでなかったりなど。ときに、兄弟姉妹の仲が本当にいい家族もあるようで、そうならばいいのですけれどね。兄弟姉妹といえども価値観は異なるので、だんだん疎遠になることもあるでしょう。

勉強・学問

子どものときに学校の勉強が面白いと思った人は多くないでしょう。友だちと校庭で走り回って遊んだ方がずっと楽しい。楽しい経験をすること、体力を養うことは重要です。でも、子どものときに勉強の習慣をつけ、基礎の基礎の勉強をして、志を持つことができれば、それは一生の財産になります。

勉強とは学生時代にするもので学校を卒業したら関係ないものではありません。人間は誰しも好むと好まざるとにかかわらず、何らかの形で一生勉強していくものでしょう。人間は○○な動物である式の表現をするなら、「人間は生涯勉強する動物」かもしれません。

科学技術の発達につれて社会生活は複雑になっていきます。知らないなら知らないで済ませることができるかというと、それは容易ではありません。例えばデジタル・デバイドの問題があります。パソコンやデジタル機器について、その操作やそれに伴うさまざまな事柄を知らないと不便を強いられることが少なくありません。

学校の勉強が面白くなるにはいくつかの要素があります。それらは勉強の内容と先生と家族と友人と本人でしょう。勉強の内容は子ども相手であっても、変にやさしくして本質を見失うようなことのないようにしたい。卑近な例は、ゆとり教育での円周率の話です。円周率をおよそ3としたことが子どもの理解を助けることにはつながりませんでした。

先生と家族と友人、つまり勉強を取り巻く人的環境について。以前にテレビでやっていた話を紹介すると、シカゴの低所得地域で、実験的にそこの学校に優秀な先生たちを配置したのです。先生たちの教育によって生徒の学業成績は著しく向上したそうで、先生の影響力の大きさがわかるというものでした。

友人も勉強が好きになるための大事な要素です。「理解者」の項で書いた管鮑の交わりもそうです。子どもでも、友だちの○○君がしっかり勉強していると自分も勉強しようとするでしょう。昔から、友達を選びなさいという通りです。勉強が好きになるには家庭環境や生活環境も重要です。孟母三遷の教えのとおりです。

子ども時代の教科書が優れたものならば、子どもを次のステップにスムーズに進めてくれます。私は今でも中学や高校時代の教科書を懐かしく思い出します。英語ではO・ヘンリーの〝After twenty years〟がありました。人生の機微に触れる話です。中学の国語の教科書では、同年代の生徒の紀行文の中に「当時、父は○○学校に奉職しており」という一節があって、奉職という難しい言葉を使える生徒に驚いたものでした。また、古文や漢文の文章や詩は語調がよく、口にするのが気持ち良く感じられました。「憶良らは今はまからむ子泣くらむそれその母も吾を待つらむそ」なんて口調もいいし、ほほえましい情景です。「三五夜中　新月の色、二千里外　故人の心」の白居易の詩では秋の夜に親友を思う詩人の真心を感じました。こういった一流の文学に接していると、子どもでもそれなりに理解できるようになります。読書百遍という言葉も一片の真実を含んでいます。

勉強の仕方にもある程度のコツ・要領があり、身に付けると非常に効果的なこともあります。前述の『ドラゴン桜』（三田紀房・著）は東大入試合格のためのノウハウを漫画化したユニークな作品です。この漫画では人生設計の要領も踏まえつつ、入試合格のポイントが描かれており、コツ・要領の大切さがよくわかります。

以上は高校生くらいまでの勉強の話です。学問では人間の今までの営為・学識を学ぶだけでなく、自分で新しい知見を生むことが次のステップです。このことについては、「知識」の項でもふれてみます。

ちょっときつい言い方ですが、学問は人を裏切らない。人から裏切られたときでも、学問という人類が築きあげてきた叡智は失われることはありません。進歩とともに、今までの知識・理解が変更・修正されたとしても、学問の本質は変わりません。新興宗教ではしばしば超常現象が取り上げられますが、多くの場合、科学との整合性が検討されていません。歴史ある宗教はそれぞれの神学でもって、科学との整合性が検討されています。その点については「迷信」の項目を見てください。

興味深いことに昔の研究者も現代の研究者と大変似た一面があったようです。それは同僚の研究者に先んじて新しい事実を発見したいという熱情です。ガリレオは自分で製作した望遠鏡で月の表面を観察して、表面が滑らかでないことと、それが山々やクレーターの影であることに気づきました[1]。宗教裁判所が出版を許可してわずか11日後、1616年3月12日にその観察を記載した『星界の報告』という本550部が完成し、学者仲間に配布しました。ヨハネス・ケプラーもこの本を受け取っています。ガリレオも大発見に興奮したことでしょう。

最新の理系知識を知るには科学総合誌の〝Nature〟や〝Science〟があります。これらの雑誌については「論文の書き方」の項目でまたふれたいと思います。〝Nature〟には日本語要約版『ネイチャー・ダイジェスト』がありますし、〝Scientific American〟の日本語版『日経サイエンス』にも面白い記事が紹介されています。文系では、学術雑誌ではありませんが、岩波書店の広報誌『図書』は図書室横の雰囲気のいい、落ち着いた喫茶店のようなもので、作家たちが自由にその思いを語っています。理系でも文系でも、学問的な広い世界に触れることは心を豊かにしてくれるでしょう。

余談ですが、図書館から図書を借りると、記事に線を引いてあったり、感想が書いてあったりすることがあります。こういうことは絶対にしてはいけません。自分の本ではないからです。他人が本を読む権利を侵害することになってしまいます。これは真の本好きのすることではありません。もう1つ。自分の本は他人に貸してはいけません。というのは、日系2世の知人が、「同僚に本を貸したけれど、返してくれない。なぜだろう」とメーリングリストで質問していました。すると複数の人が、「日本人は借りた本を返さないことがよくある」と答えていたのです。ですから、大切な本は他人には貸してはいけません。

勉強は午前中が一番適しています。もし、午前中に時間があるなら大切にすべきです。難しい本を読むと眠くなることもあります。漱石は『吾輩は猫である』で英語教師の苦沙弥先生が英語の本を読みながらよだれを垂らして居眠りすると書いています。それでもいいのです。しつこく勉強することです。

〈注〉

（1）Abbot, A., Nature 446: 595, 2007（日本語版あり）

芸　術

学問の項で学問の普遍性について述べました。学問・知識は人間の世界が続く限り続いていくだろうし、学問は人間を裏切らない。芸術も学問と同じでしょう。応仁の乱で京都が焼け野原になっても、第2次大戦で国内が焦土と化しても、『万葉集』や『源氏物語』は現代まで生き残りました。ギリシア・ローマの図書、彫刻、建築などの芸術も現代まで多数残されています。ただ、芸術の評価は時代によって影響されます。例えば、メンデルスゾーンは高く評価されて作曲家として恵まれた一生を送りました。しかし、ユダヤ人だったためにナチス・ドイツの時代には彼の音楽は迫害されて、多数の作品が散逸しました[1]。

芸術をどう考えるかにはさまざまな考え方があるでしょうが、芸術は人間の心を豊かに、幸せにするものであって欲しいと思います。人間の可能性を広げることが幸せにつながって欲しい。誤解かもしれませんが、現代芸術はあるがままの美を捉えるよりも美をとりまく諸問題に目を向けてしまった結果、分析的になりすぎて、人間の幸せな気持ちとは違うところに行ってしまったようです。優れた映画で人間の真実を描いた作品は、確かに内容は充実しているかもしれないけれど、そんな映画ばかりでは疲れて仕方がないでしょう。

砂川しげひささん[2]は「クラシックは楽しい。毎日聞いていていても楽しい。ぼんやり聴くのもよし、眉間にシワよせて聴くのもよし、とにかくクラシックは気持ちいい。…『時間がモッタイナイ。もっといい曲を聴いておかなくちゃ』…」と書いています。芸術好きはきっとこうだと思います。

〈注〉

（1）Kozinn, A (2009) New York Times　http://www.nytimes.com/2009/01/30/arts/music/30mend.html?_r=1

（2）砂川しげひさ（著）『聴け聴けクラシック、ぼくの名曲１０１選』朝日新聞社、１９９４

実　習

私は病院で毎日のように看護学生の実習を指導しています。効率を上げるために、私が作った要点をまとめた15ページのテキスト(1)を事前に配って、読んでおくように伝えてあります。そして実習では何でもいいから1日1個は質問をするように促します。質問したり、疑問を持って考えることは非常に重要です。そういう習慣をつけておけば、将来、大きなプラスになります。

さらに、学生共有の申し送りノートを作らせて、実習で役に立ったこと、学んだこと、印象に残ったことを数行でいいから書いて翌日の実習生に渡すようにさせています。実習に来るのはほんの短期間ですから、申し送りによって実習の雰囲気を伝えるためです。雰囲気がわかれば少し安心できます。また、申し送りは看護師にとっては重要な仕事です。同じ患者さんを入院期間中、毎日ずっと看護するわけではないので、自分の受け持った患者さんの医療・看護の情報を次の勤務帯に受け持つ看護師に伝えなければなりません。そういう、看護師としての申し送りの予行演習みたいなものでもあります。

「予習は30分（飛ばし読みになるでしょう）、復習は15分でいいよ」と言います。短時間でも予習・復習の意義は大きい。実習では学生に質問をします。学生もしなければならない勉強の量が多いので、予習が不十分な人もいます。勉強をしていない学生に短時間ですべてを教えるのは不可能ですから、最低限の知識を話して、帰ってから実習のテキストを必ず読んで復習しておいてね、と言っています。叱ることは教育効果を高めません。学生に何かをさせたいなら、叱るのではなく、やりたい気持ちに導くのが一番です。

実習の教育をする理由は次のとおりです。看護学生は卒業すると看護師になって、医療チームに加わります。彼らが実習できちんと学んでいなければ、最終的には患者さんの不幸です。また、実習で何をしていいかわからず、ぼーっとしているのでは、あまりに気の毒です。せっかくの実習だから、来てよかったという気持ちで帰ってもらいたいのです。

もう1つ言うなら、我々は当然、学生よりずっと多くのことを知っています。でも、我々よりさらに学識のある人はたくさんいます。だから我々も謙虚でなければいけません。

時々は研修医の指導もします。このときも研修の効率を上げるために、私の小さなアドバイスを読んでもらうようにしています(2)。アドバイスで書いたことの基調は本書と共通です。広い視野を持てるように積極的に努力してほしいということと、一生勉強してほしいということです。

最近、面白いことがありました。ある日の実習に来た看護学生はあまり勉強していないように思えました。こういう場合、よくないなとは思いつつ、質問で知識を確認することをしないで、患者さん（私の場合は新生児ですが）の診察をしながら、ほとんど一方的に学生に向かって説明をしていきます。この児にはどういう所見（外から見たときの医学的特徴や問題点）があって、それをどう評価するか、今後の方針をどのように決めていくかなどです。一方的に話したので、学生がどう感じたろう、説明が理解できただろうかと思って、翌日来た学生に「昨日実習に来た子は、実習どうだったと言ってましたか?」と尋ねました。すると驚いたことに、「昨日の子は実習が楽しくて、他県に就職するのだけれど、新生児医療に関わりたいと言っていました」という返事でした。

意外な答えに、実習って教える方も真剣にやらなくてはいけないけれど、人間って面白いなと思いました。

〈注〉

(1) 土屋廣幸「実習の心構えと覚えて役立つ事柄」小児看護、2008、31:810-812頁

(2) 土屋廣幸「研修医諸君へ」日本医事新報、No.4414, 2008、83-84頁

戦略

戦略という言葉は戦術と対比されます。戦略は総合的で長期的な意味合いを持ち、戦術は具体的で限定的です。生き方にも戦略があるべきでしょうか? 誰もが銀の匙をくわえて生まれてくる(裕福な家庭に生まれる)わけではないから、物質的あるいは精神的に豊かに暮らすには戦略とまでは言わないにしても、人生設計はあった方がいいでしょう。例えばある仕事に就くには、どうい

う勉強をするといいのか、それにはどこの学校が適当で、経費はいくら必要か、できれば事前に検討しておきたいものです。しかし、実際にはそううまくいきません。普通は行動しながら考えることになります。良い方にも悪い方にも偶然が作用します。それでも、考えないで行動するより事前にできるだけ準備をして、途中で状況が変わったなら、それに応じて対応するという柔軟な思考をする方がうまくいくはずです。

早い時期から生き方を考えるための参考書として、『新 13歳のハローワーク』(1)があります。13歳は中学1年生ですから、将来自分が就きたい職業について考え始めてもいい時期です。今までにこういう本はなかったので、村上龍さんの着眼の良さに感心しました。「シティ・スリッカーズ」(ロン・アンダーウッド監督、1991年)という映画では、小学校のクラスに児童のお父さんを呼んで、お父さんのお仕事を話してもらうというシーンがありました。また、日本の中学校でも2年生を対象に「ナイストライ」事業(2)という社会体験実習授業があり、熊本市では盛んに行われています。地域の企業などに生徒数人を派遣して、実際に働く人がどういう仕事をしているか、わずか3日間程度ですが現場を体験させるというプログラムで、優れた試みに思えます。私の職場でも今までに十数人の生徒さんを受け入れました。数年前に印象的だった子がいて、その子は進んでいくつかの質問をしてきたのです。こちらの話にもしっかりメモをとっていました。医療関係の仕事に関心を持っているようでした。必ず早めに生き方の設計をすべきとは思いませんが、目標が明確であれば勉強や学校生活も、より充実できるかもしれません。

さて、少しおおげさですが、日本人は戦略的思考が弱いと言われます。島国で農業国家としての歴史が長いので、自己主張するよりも周囲の空気を読んで、出る釘にならないようにしてきたのでしょう。大和朝廷が成立した頃から現代まで1500年ほど経過していますが、この間に日本が外国と交渉を持った期間は、大陸国家と比較すると圧倒的に短かったのですから、日本人は当然内向き志向の歴史を持っています。違うロジックの人たちと丁々発止と渡りあってきたわけではないのです。戦後の占領期以外には外国の支配は受けていない、幸せな国です。しかし、人間活動のすべてがグローバル化している現代ではそうも言っておれません。

明治維新後、日本の国家としての戦略は大久保利通や伊藤博文など薩長出身者が中心に練り上げていったのでしょう。今とは比較にならない交通困難な時代に日本はたくさんの人々を官費で欧米に留学させ、国家の礎を造っていきました。司馬遼太郎さん風に考えるなら、日本は日露戦争時代までは国家戦略が明確だったと言えるでしょう。

第2次大戦後、焦土から復興した日本は加工貿易で生きてきました。目標はアメリカだったので、追いつき追い越せとアメリカの真似をしてきました。GDP（国内総生産）も世界で2位になりました（現在3位）。そしてここ20年ほどの失われた時代、日本は政治・経済・社会のさまざまな分野で行き詰まっているようです。とくに1000兆円に達しそうな国と自治体の借金。こういう時代こそ、国家戦略を考えないといけないので、民主党が政権をとって、国家戦略局を作る構想を出した時には期待したものでした。しかし、竜頭蛇尾に終わってしまい、結局、戦略的思考ができないことが明らかになりました。アメリカの有力なシンクタンクが実際に国家戦略にかかわっていることとは大きく違います。

それから旧日本軍の大きな欠陥として、兵站《へいたん》の著しい軽視があります。兵站はロジスティックスのことで、補給です。ナポレオン軍やナチスドイツが対ロシア戦争で壊滅したのも兵站の破たんが原因ですし、旧日本陸軍が第2次大戦のインパール作戦（ビルマから英領だったインドを攻撃する作戦）で壊滅したのも同じです。日露戦争以後の旧日本軍は大和魂さえあれば勝つという、状況無視の精神主義に陥りました。インパール作戦では司令官が「糧は敵によることが本旨である」(3)（食料は敵のものを奪って獲得することが本来のやり方）という無茶苦茶な説明で補給を考えないままに作戦を開始し、兵の大半は餓死・病死しました。兵站は直接の戦闘力ではないと思い込んでいて、理屈の通らない世界になってしまっています(3)(4)。

日本に大和魂があっても、イギリスにはジョン・ブル魂が、アメリカにはヤンキー魂が、中国には中華思想があり、どの民族も国民も、自分たちが世界で最も優れている、最も強いと思い込んでいます。従って大和魂があれば補給は不要、すべて解決にはなりません。

対照的に、アメリカ軍は補給をほとんど最重要視していて、補給が完了するまで戦争を開始しなかったほどです[5]。補給も戦略の極めて重要な要素です。

さらに現代日本には、日本政府・自衛隊は紛争地域における在留邦人の保護・救出に対処できないという大問題があります[6][7]。実際、今までに在留邦人が紛争地域から脱出したくてもできなかった例は少なくありません。民主党政権はこの問題についても及び腰で、問題を先送りするか、関わりたくないように見えます。でも、政権与党であれば、責任を引き受けるのが当然で、「この問題はすぐれて人道的であると同時に、納税者に対する政府の責任（国内貢献）とも言える問題であり、今後も紛争地域における邦人救出という問題がたびたび繰り返される可能性が高い」[6]のです。これも戦略的思考の乏しさだと思います。ちなみに、「アメリカの自国民救出活動の特徴は、国籍による優先順位があることである。順位はアメリカ国籍保持者、アメリカグリーンカード保持者、イギリス国民、カナダ国民、その他国民の順である。日本人は最後のその他国民に入る」[7]のだそうです。

よく言われる小話で、理想の軍隊を作るなら、司令官はアングロサクソン（英米人）、将校はフランス人、下士官は日本人、兵士はドイツ人がいいのだそうです[8]。アングロサクソンは大きい絵を描くのが得意ですが、日本人は「カイゼン（改善）」という日本語が英語として使われるように、すでにあるものを改良するのは得意ですが、イノベーション（innovation＝革新、今までなかった物を生み出す）には長けていないという印象を持たれているのでしょう。日本のイノベーションとしてはソニーのウォークマン、組込型コンピュータの基本ソフト「トロン」(9)、トヨタのハイブリッド車など、少なくはないのですが、アメリカの場合ほど次々に生まれてくるとまではいかないようです。

これにはたくさん原因があるでしょう。日本の教育の弱点として暗記中心でディベートが不十分なことはよく指摘されます。そもそも科学・文教予算が不十分とも言われます。あるいは政治・経済・社会全般にわたる多様性の少なさ。ただ、多様性にも欠点があるので、単純に多様性がいいわけではありません。

この項の最後に、太平洋戦争時の日本ないし日本軍の戦略の問題に触れておきたいと思います。前述のように、日本人は全体を俯瞰して判断する思考が弱いのかもしれません。しかし、それは教育によって変えることができるし、変えなければいけないでしょう。全体を見て判断しないと国家的・国民的な損失をきたします。太平洋戦争に突入する時も、陸軍は日中戦争を戦っていたので、太平洋でまで戦いたくなかったけれども、それを食い止めることはしなかった。また、前述の陸軍のインパール作戦も無茶な作戦だと多くの将軍たちは考えていたのに、突っ走ってしまった。海軍のミッドウェー海戦もトップ（山本大将）と南雲中将の意思の齟齬で大敗(10)。失敗しても次に活かすこともない進歩のなさ。こういった失敗はしっかり反省して、次に活かさないかぎり、何度でも繰り返します。

現代の日本でも残念ながら、戦略的失敗も多いし、失敗を次に活かすことも極めて弱いように思えます。年金問題もそうですし（年金の掛け金でレジャー施設を作るのはおかしいし、失敗してもだれも責任をとらない）、全国にある赤字空港問題もそうでしょう。北方領土問題も二島返還か四島返還か決めきれなかった挙句、ロシアは日本に返還すること自体を中止しようとしています（ミッドウェー海戦でミッドウェー島の米軍基地を攻撃するのか、米海軍の空母部隊を攻撃するのか迷っている間に、米海軍の攻撃を受けて日本海軍の空母部隊は壊滅的打撃を受けてしまいました[10]。なんだか似ています）。

欧米の大学・大学院に留学すると、常々、戦略的思考を訓練されます。日本にも海外でトレーニングを受けた人材は少なくないので、そのような人々をうまく使いこなすことができるといいのですが。

〈注〉

（1）村上龍（著）『新　13歳のハローワーク』幻冬舎、２０１０

（2）熊本市、第４回　次世代育成支援行動計画策定委員会　議事録
http://www.city.kumamoto.kumamoto.jp/kodomo/jisedai/16nen/kaigi/dai4kai/dai4gizirokou.pdf

（3）戸部良一ほか（著）『失敗の本質―日本軍の組織論的研究』中公文庫、１９９１

（4）ウィキペディア「インパール作戦」

（5）ボブ・ウッドワード（著）、石山鈴子ほか（訳）『司令官たち―湾岸戦争突入にいたる〝決断〟のプロセス』文

藝春秋、1991
(6) 竹田いさみ、海外紛争での邦人救出問題にいかに対処するか：邦人・外国人非戦闘員の救出と難民救援に関する政策提言（1998） http://www.jcie.or.jp/japan/gt_ins/gti9709/ah3.htm
(7) 橋本靖明ほか、軍隊による在外自国民保護活動と国際法（2002） http://www.nids.go.jp/publication/kiyo/pdf/bulletin_j4-3_3.pdf
(8) 磯村尚徳（著）『日本人はなぜ世界が読めないのか』朝日出版社、2003、15頁
(9) NHK、日本の群像：再起への20年、第4回　極小コンピューター：技術者たちの攻防 http://www.nhk.or.jp/special/onair/050828.html
(10) 是本信義（著）『図解　孫子の兵法　入門』中経出版、2006

目　標

将来が見えないという漠然とした不安がある現代ですが、だからこそ生き方や世界観を考える必要があると思います。目標を持つと毎日がより楽しく、より充実します。

目標はまずは小さな目標でいいでしょう。今日は○○をやりたい。勉強だったら、教科書を10ページ読みたい、仕事だったら、○○の書類を仕上げる、または仕事関係の連絡を済ませる、趣味だったら、前評判の高い映画を観に行くとか、温泉に行くとか、何でもいいでしょう。

小さな目標の上に、1カ月または数カ月で達成したい中期目標を持ってきます。その上に、1年または数年を予定する長期目標を、さらに10年とかを意識した超長期目標といった具合に。

いずれも、自分がしんどくならないようにすることが大事でしょう。無理な目標は立てる必要はない。もちろん簡単すぎる目標ではしようがないですが。

私は毎日、仕事で赤ちゃんを診察していて、さまざまな疑問を持ちます。疑問をメモしていましたが、最近は面倒になったのでしていません。疑問は小さなものから大きなものまで、さまざまです。赤ちゃんの生理学や発達心理学の分野で、わかっていることも多いですが、わかっていないこともたくさんあります。例えば、多くの施設では、赤ちゃんには生まれて8時間程度おっぱいやミルクを飲ませていません。それは、赤ちゃんは栄養や水分を体の中に蓄えて生まれてくる、という解説があるためですが、その説明はどういう医学的証拠に基づくものか、根拠は十分ではありません。

毎日多数の赤ちゃんを診察している小児科医としては、こういう疑問を少しでも科学的に解明したいのです。疑問はすぐ解決できる場合（例えば専門書に解説されているとか、オンラインで専門雑誌の文献を調べるとわかる）もありますし、どうしても答えがわからないこともあります。わからない場合は、しばらく自分の中であたためておいて解決策を探るか、あるいは自分で解決を図るか（この場合は時間も費用もかかります）することになります。このような問題解決も目標です。疑問が解けたり、結果をレベルの高い医学雑誌に発表できたりするのは嬉しいことです。

要は、目標を立てて、自分の時間、あるいは自分自身を充実させたいということです。

先日、ＦＭラジオでパーソナリティの山本シュウさんが、毎日1回笑おうという趣旨の話をしていました。これも、小さな目標だと思います。50年前に茅誠司東京大学総長が提唱して始まった「小さな親切運動」[1]というものがあり、社会を明るくする試みの一つですが、それと同じように、笑顔を増やしていくことは社会にとって大切なことでしょう。

〈注〉

（1）「小さな親切運動」　http://www.kindness.jp/index.html

大学

大学とは何か、大学で何を学ぶか、何が身に付くかについて考えてみます。大学は本来、最高学府と言われていました。ところが最近は大学院が増えて最高学府ではなくなってしまいました。大学の4年間または6年間（医学部・歯学部・薬学部・獣医学部）では勉強することが多すぎるので、大学院まで設置するようになったのかもしれませんが、大学院がないとステータスが低くなるので横並びで大学院を作ったという面もあるかもしれません。大学と大学院の先生が兼務の場合、スタッフは増えていないから大学院は無理して作られたインフレ状態でしょう。さらに、大学院を拡充しようという政府方針で学生数は大幅に増やされたのですが、卒業後の受け皿を考慮しないで増やしてしまったために大学院卒業後の就職先がない状態になってしまっています(1)。

ところで、大学の先生から名刺をいただくと、所属先名として複雑な大学院講座の名前が書いてあって、一体何を研究されているのかわからないことがしばしばあります。でも名刺の裏を見ると、たいてい英語で講座名が書いてあって、これは昔ながらのわかりやすい名称です。なぜ長くて小難しい研究科名が国内で好まれるのでしょう？　外国の人に日本の講座名を直訳すると、一体何を研究しているのかと思われるに違いありません。

1996年に企業側と大学側の就職協定が廃止されるまでは就職活動（就活）の開始は大学4年生の秋からでしたが、現在は3年生の秋からなので(2)、大学は落ち着いて勉強できる所ではなくなりました。商社系では就活開始時期を遅くする見直しも始まっています。いずれにせよ、早すぎる就活は学生にとっても大学にとっても不幸なことで、将来的には国力低下にもつながるでしょう。

現在は不況・就職難の時代ですから、以下に書くことは理想論だと思います。現実に上手に対応することが最優先ですが、それでも理想的にはこうあってほしいということを書いてみます。

大学時代に得ることのできるものは、①専門領域の知識、②英語を中心とした外国語、③読書や旅行や人とのつながりなどに基づく広い教養、④科学的態度の基本、サイエンティフィック・リテラシー、⑤友人・先輩・後輩・先生との人的つながり、⑥体力の涵養、⑦趣味やスポーツ・部活、⑧コンピュータ・リテラシー、⑨少し趣が違いますが、ファイナンシャル・リテラシー、などでしょう。これらは大学時代の長い時間があってこそ達成できるもので、卒業後は時間がとれません。大学時代はきわめて貴重な時間です。けれども、「孝行のしたい時分に親はなし」のことわざと似て、時間がない生活になって初めて、大学時代の自由な時間に気付くのです。もしもまだ自由になる時間があるならば、どうぞ大切にして下さい。

②英語について。外国語はやはり英語が一番です。英語であればたいていの国で通用するからです。英語の能力もできるだけ上げておきたい。英語は読む、書く、聞く、話す、すべて大切です。すべてできるようにしておきたい。英語の勉強では単語を増やす、文法の基礎である基本例文は覚える、耳を慣らす（聞き取れるように）、話す機会を増やす、小論文を書く、ということができればと思います（文法の基礎ができていると小論文も書きやすくなります）。

④大学における科学的態度の基本、サイエンティフィック・リテラシーとは「自己表現」の項目でも紹介した「研究者のミニマム ― 論文を読む、実験をする、論文を書く」に見られる態度です。ある知見の現在までの到達点を明確にして、その問題点を指摘し、それを解決する、あるいは解決につながる仕事をします。「科学の作法」と言ってもいいでしょう。文系にも理系にもあては

まることであり、ピア・レビュー制度のある雑誌に論文を書くことがこの態度を身につける早道だろうと思います。この態度は学問に触れてみないとなかなか理解できないようです。この態度がないと、教科書を鵜呑みにするようなことがおこります。教科書は無謬《むびゅう》ではないのですが、教科書に書いてあればたとえ間違っていても信じてしまうことがあります。

また、大学教育以前に国は科学的態度を教育しておくべきだと思います。２０１１年4月、生の牛肉を食べた人が病原性大腸菌感染でなくなった事件⑶がありましたが、動物の生肉には細菌感染の危険があることは基本的知識として教育すべきでしょう。

⑦趣味やスポーツ・部活。実利ばかりに走るのも嫌ですが、ある程度年をとってもできる、もしかしたら人脈もできる、そういう趣味やスポーツを選ぶとよいかもしれません。

⑧コンピュータ・リテラシー。リテラシー literacy とは読み書きの能力ということです。コンピュータの使い方の基礎的知識、できればさらに高度な知識を持つこと。多くの人は普通にコンピュータは使えますから、プラスアルファがあることが望ましいでしょう。

⑨ファイナンシャル・リテラシー。これは個人の財産形成とか金融の話で、大学とは直接つながらないのですが、生き方にとって極めて重要でありながら誰も教えてくれない項目です。大学時代に勉強しておいてもいいと思います。本当は学校教育できちんと教育すべきでしょう。社会に出ていきなり不況の影響をもろに受けるより、社会の経済の仕組み、その中でどう自分のお金を回して

いくか、そういうことを知っているのと知らないのでは大いに違うはずだからです。ファイナンシャル・リテラシーの勉強になる本に『お金の大事な話』(4)があります。著者は高校中退後、美容師を経て転職を繰り返すフリーター生活に陥ったけれど、良い理解者に出会い、実現可能なことから少しずつ取り組みなさいと助言され、いま、一見派手だけれど実は地道にビジネスを行って大きく成功しています。

さて、『ドラゴン桜』にも描かれていますが、有力な大学に進学する場合のメリットは、他の大学に比べてたくさんのチャンスがあることと、さまざまな点で恵まれた環境があることです。有力な大学は予算が大きいので、優秀な先生も多いです。研究や教育に必要な図書や機器やスタッフにも恵まれています。国内外でのその大学の研究上の、また社会的なプレゼンスも大きいでしょう。すぐれた先輩・友人も多い。社会に出てからも同窓のネットワークが役に立ちます。そうすると自分に自信も持てるでしょう。このような環境にあれば、本人が努力さえすれば、自分の可能性をさらに拡大できるでしょう。

有力な大学に行かなくても、以上のようなチャンスがないわけではありません。かえって有力な大学でないからこそできる面もあります。有力な大学であれば、社会の中の主流派であるだけに、ユニークな発想は生まれにくいかもしれません。また、ハングリー精神は育ちにくいでしょう。ですから、どこに行っても、自己を啓発するにはどうするか、どう勉強するかを考え続けていくことが大切なのです。そして、おそらくそれは一生続くのではないでしょうか。

自分の専門の医学の勉強について、専門誌の *Science* に掲載された記事を紹介します(5)。カリフォルニア大学サンフランシスコ校医学部の内科兼医学教育部門の教授が書いた文です。医師にとって科学は決定的に重要な意味を持っており、科学と科学の発展を常に理解しておくことは医学教育の中心です。

そのために、基礎医学教育においては生涯教育にとって不可欠な科学的好奇心を刺激して、科学的に考える習慣を作っていく必要があります。基礎科学研究は次世代の医療への入り口なのです。医学教育では現在の知識だけでなく、その知識を得るための方法と根拠を教えます。さらに我々が現在知らないことは何であるかにも注意を向けさせます。このような科学教育のためには医学部学生の2年間の基礎医学教育を含めて7〜10年の教育、さらに生涯教育が必要なのです。

第2次世界大戦後の日本の大学は戦前の大学の教養主義を引き継いでいたので、功利主義とか現実主義はむしろ軽蔑されてきました。つまり日本の大学ではエリート教育としての教養を教えていて、即戦力というような技術を教えることは少なかったのです。医学部や保健学部はある程度、技術を教えていたのですが、それでも不十分なものだったので、近年はさらに実際的な技術を教えるようになっています。30〜40年前であれば大学進学率も20％に過ぎなかったので、教養主義でもよかったのでしょう。今は大学進学率は50％を超えていますから、のんびりしたことは言っていられなくなりました(6)。その年齢の人口の50%が教養のために4年間の時間を使うことなどできなくなったのです。

就職活動をいつから学生が行うかは、企業がいつから新卒学生に対する会社説明会などの求人活動を開始するかによって決まります。3年生の秋からでは早すぎるので遅らせたいと商社は言いますが、一部の企業では可能でも、なかなか難しいと思います。企業はそれぞれの状況がありますから、罰則でもないかぎり抜け駆けする企業も出るでしょう。

〈注〉

（1）しんぶん赤旗、「高学歴難民」どうする　http://www.jcp.or.jp/akahata/aik07/2008-01-31/2008013103_02_0.html
（2）ウィキペディア「就職協定」
（3）asahi.com（2011年4月30日）　http://www.asahi.com/national/update/0430/OSK201104290104.html
（4）泉正人（著）『お金の大事な話』WAVE出版、2009
（5）Cooke, M., Science 329:1573, 2010
（6）社会実情データ図録、高校・大学進学率の推移　http://www2.ttcn.ne.jp/honkawa/3927.html

論文の書き方

大学の医局（講座または教室）にいた20年ほどの間に論文を書きました。経験不足のままグループのリーダーになったので（大学の小児血液疾患治療研究グループ）、臨床も研究も手探りでした。したがって長く大学にいた割には論文数は多くありません。論文の著者を書く時は一般に、書く人を筆頭著者 first author と言います。論文著者名欄の最初に来るのでこう呼びます。私の筆頭著者論文は英文26編（短い報告も含む）、和文35編です。投稿する場合、専門家が多く読む雑誌に投稿することを目指します。英文の論文が勧められるのは、読者数が多いからです。日本語では日本人しか読みません。英語なら世界中で読まれます。英語論文については「外国語」の項目でもう少し詳しく述べます。ただし、英語の論文は内容の質の高さを求められます。おおまかに専門雑誌のレベルを比べると、一番簡単なものが日本の商業雑誌（学会でなくて専門書を出版する雑誌社が発行する雑誌）、次が日本の学会誌、一番難しいのが英文誌です。英文誌にもランキングがあります。

読者数が多い雑誌には多くの研究者が掲載したいのでハードルは高くなります。世界をリードしている専門雑誌は Nature（イギリス）、Science（アメリカ）、Cell（アメリカ）、New England Journal of Medicine（NEJM、アメリカ）などです。Nature は理系総合科学雑誌、Science は理系だけでなく文系の論文も掲載されています。Cell は基礎医学系の、NEJM は臨床医学系の専門雑誌です。これらの雑誌に掲載されると記者会見を行うことができます。科学への注目すべき貢献だからです。Nature は年に1万６０００編の論文投稿があります。採択率は10％未満でしょう。専門雑誌にはインパクトファクターというものがあります。影響力指数という意味です。ある雑誌に掲載された論文が、１年間に専門誌に何度引用されたかで表されます。上記の４つの雑誌はインパクトファクターもトップクラスで、それぞれ30前後（NEJM は50前後）です。これらの雑誌に載った論文は1年間に30回も引用されるほど影響力が高いのです。

さて、実際の論文の書き方について。論文を書くのは楽しみで書くこともありますが、学位などのために必要に迫られて書くことも多いでしょう。論文を書くにはいくつかのステップがあります。文系と理系で違いはありますが、どちらかに慣れておくと、もう一方も理解するのが早いでしょう。極めて簡単に言うと、「自己表現」の項目で書いたように医学の場合では、①論文を読む、②実験をする、③論文を書く、です。

以下、理系とくに医学系の論文の書き方・構成についてもう少し詳しく述べてみます。①論文を書く目的を明らかにする、②論文のテーマを選ぶ、③実験を計画する、④実際に実験する、⑤論文を書き始める、⑥合わせて関連した論文（先行研究とも言います）を調べる、⑦必要なら追加実験をする、⑧考察を加える、⑨投稿先の雑誌を決める、⑩共同研究者がいれば必要に応じて打ち合わせる、⑪論文を書き上げる、⑫雑誌の投稿規定に沿って仕上げる、⑬投稿する、というようなステップです。これらのステップは必ずしもこの順番で進むとはかぎらず、随時変更しますし、並行して行うことも多いです。

著者名は日本人の場合、お世話になった人たちの名前をずらっと続けることが多いですが、よくないです。論文は知的作業であって、職場のつきあいとは違うからです。英語論文は最近とくに厳しくなって、各著者が論文の作成に当たってどのような貢献をしたのか記載させる雑誌もあります。やがては日本語の論文も英語論文の基準に近づくでしょう。

技術的なことでは、最近は統計処理が厳しくなりました。統計が厳密でないと英文論文は掲載されなくなりました。統計処理法もいろいろありますが、最近はＩＢＭグループの開発したＳＰＳＳ(Statistical Package for the Social Sciences)[1]というパッケージソフトが便利でよく用いられます。しかし高価なので個人で購入するのは厳しいです。また、人間が対象の研究ではインフォームドコンセント（研究参加者に十分な情報を伝えて同意を得た上で研究を行うこと）と少なくとも施設内の倫理委員会で承認された研究であることが要求されます。

論文のテーマ選びは非常に重要です。研究して意味のあるテーマで、かつ、時間的制約も考えて取り組みます。また、自分が面白いと思うテーマでないとモチベーションも上がりません。時には途中で思い切ってテーマを変えることもあります。実験は方向性を持って進めます。行き当たりばったりでは非効率です。論文は普通、以下のような項目から構成されるので、それに沿って説明します。

Introduction（導入部）：なぜこの研究をしたのか、先行研究との関連も含めて書きます。

Materials and Methods（材料と方法）あるいはSubjects and Methods（被験者と方法）：実際に実験をした方法を述べます。

Results（結果）：実験の結果を書きます。

Discussion（考察）：実験の結果からどう考えるのか、何が明らかになったのか、導入部に書いた疑問がどう解決し、次にどのようなことが問題になるのか、先行研究との関係はどうかを論じます。

Conclusion（結論）：以上を踏まえて、この論文では何が言えるのか、手短にまとめます。

Acknowledgement（謝辞）：論文を書くにあたって著者のリストには含まれないが、助言その他お世話になった人に謝意を表します。

References あるいは Bibliography（引用文献）：本文中に引用した文献を列挙します。書き方は雑誌によって違うので、指示に従います。

Summary あるいは Abstract（要約）：雑誌によって summary または abstract を書くように指定されています。読者の多くはこの部分を最初に読んで、もっと詳しく知りたいときに本文まで読むので、この部分は重要です。Abstract と summary の違いは abstract はその論文の要点だけをかいつまんだもので、summary はある程度詳しい要約という解説があります[(2)(3)]。

最近、ネットで“*How to Write and Publish a Scientific Paper*”[(4)]という本があることを知りました。有名な本らしいです。さっそく発注して数日で入手しました。チャールズ・シュルツさんのスヌーピーの漫画（スヌーピーが雑誌に投稿するけれど受理してもらえない）も載っていて楽しいです。

論文の書き方には、頭から書く書き方と、部分に分けて書いた後でつなぐ書き方とありますが、私は頭から書いていくタイプです。というのは、各部分から書いていくとこんがらがって文章のつながりがわからなくなるからです。一方、頭から書いていくと、終わりの方を書く頃に考え方が変わっていたりして首尾一貫しないこともあります。自分の書きやすい書き方で書けばいいでしょう。

余裕ができたら、必要に迫られての論文ではなくて、自分の楽しみのための研究を行いその成果を発表すると世界が広がります。自分のための学問は愉快です。「学問」の項にも書いたように昔の人々、例えばガリレオも論文（著書）出版に努力していたのです。

前述しましたが、中央大学理工学部の今野教授が『工学部ヒラノ教授』[(5)]という本を出版されました。筒井康隆さんの『文学部唯野教授』[(6)]はパロディーですが、『工学部ヒラノ教授』は仮名を使った実態記事に近いでしょう。学部によって違うでしょうが、大学ってこんなもんだという共通のカルチャーが描かれていて苦笑してしまいます。教室（講座）の教授が教室員（スタッフ）や学生を使って論文を量産するシステムや文科省科学研究費の獲得法の裏ワザ的記事もあり、私も大学にいる頃、こういう裏ワザを知っていたらなぁとちょっと思ってしまいました。

私が思うに研究法には「たての研究」と「よこの研究」があるようです。「たての研究」とは1つのことを掘り下げるやり方。例えば細胞を増やすタンパク質（細胞増殖因子）を例に挙げてみます。ある細胞増殖因子Aを研究する場合、まずA因子を分離する、A因子の細胞に対する作用を詳しく調べる、細胞内で他の物質とどう関わって作用を発揮するのか調べる、A因子の遺伝子を単離する、A因子の異常でおこる疾患を調べるなど、多彩な研究課題が出てきます。多くはこういう「たての研究」になるでしょう。もう一方の「よこの研究」とは細胞増殖因子Aを見つけたら、次は細胞増殖因子B、さらに細胞増殖因子Cを見つけるというようなやり方です。

私の場合、いま関心があるテーマは新生児のさまざまな側面（黄疸、嘔吐、栄養、聴力、発達心理など）の研究です。「よこの研究」に近いやり方です。1つの領域を深く研究するにはお金と人と研究設備と時間が必要ですが、研究所にいるわけではないので、やむを得ずいろんなことに広く浅く手を出して、観察しているというところです。

〈注〉
（1）エス・ピー・エス・エス株式会社　http://www.spss.co.jp/
（2）University of Illinois Springfield, Summaries and abstracts
http://www.uis.edu/ctl/writing/documents/smreabs.pdf
（3）Yahoo! Answers, What is the difference between an abstract and summary?
http://in.answers.yahoo.com/question/index?qid=20080603051950AA8GEG
（4）Day, RA, et al, How to Write and Publish a Scientific Paper, 6th ed., Greenwood Pub Group, 2006
（5）今野浩（著）『工学部ヒラノ教授』新潮社、２０１１
（6）筒井康隆（著）『文学部唯野教授』岩波書店、１９９０

恩　師

学校時代にお世話になり、物の考え方にも影響を受けた恩師たちについて述べます。私の小学生時代は3年間ずつクラスの持ちあがりでしたし、中学生時代も3年間同じ担任でしたので、小中学校時の恩師は計3人です。

小学3年生までの担任はベテランの先生で柔道をされていて引退後もご健康でした。社会科がご専門で、熊本県内の各地を見学に行くというプロジェクトを行われていて、小学校高学年の頃にグループで何度か見学のお供をした記憶があります。当時はたいていの所に徒歩ででかけたものでした。車もほとんどない時代ですので、徒歩でも危険はありません。見学の成果はＮＨＫラジオ熊本放送局からシリーズで放送されました。

小学6年生までの先生は若い美術の先生でしたが熱心で、私は美術が好きだったので課外で美術のご指導もしていただきました。

中学時代の恩師も社会科がご専門で飄々とした先生でした。先生のおっしゃった「教育とは個性の涵養です」という言葉を覚えています。地方史（熊本県と県内市町村）の編纂に精力的に取り組まれ、先生の遺稿『玉名市域に見る近代期の経済と教育』は奥様が発行されました。豊富な一次資料をもとに執筆されています。興味深い記事を紹介すると、１９２１（大正10）年熊本県教育会が実施した県下女学生の思想傾向調査について記載されています。玉名高等女学校の場合、例えば、設問「自由平等とは如何なることか」に対して女学生の回答は多い順に「法律上の範囲内に於て束縛又は制限なき随意の行為を差別なく皆一様にする」（13％）「己れのまま何事をもなす」（10％）「四民が平等に権利義務を有する」（7％）などとなっていて、当時、大正デモクラシーの高揚を背景とする自由主義的教育思潮と、国民統合の一環として推進された帝国主義・国家主義的教育思潮の2つの流れがあったと先生は指摘されています。地方でもこのような歴史があったんだなと目を開かれる思いがします。

高校時代の担任はお2人で、1年生のときの担任も社会科がご専門で、大手証券会社に勤務されていたけれど教師に転職された変り種でした（考えてみると私の小・中・高12年間のうち、7年間は社会科がご専門の担任でした）。高校2、3年のときの担任は英語の先生で、授業のときにさまざまな英語のトリビアを紹介されました。例えば「sを4つ含む英単語は？」というように（ちなみに解答例はassess、possess、Mississippiなどです）。卒業式が終わって最後のホームルームの時間に先生が言われたのは、「街中で急に葉書を書かないといけない場合もあるかもしれない。そういう時、友人の背中を借りてでもすぐ書けるくらいの能力は持って欲しい」ということでした。火急の時にも対応できる能力を持つように励まされたのだと理解しました。高校のときの先生方は一癖も二癖もある人ばかりでした。

大学医学部は6年制ですが、担任があるのは最初の2年間（当時は医学進学過程という教養コース）だけでした。先生は1年ずつで、ちょうど学園紛争の只中だったので、大いに苦労されました。2年目の先生からは、先生の主催される学内の聖書研究会に誘われ、聖書の勉強をする機会が与えられました。私は幼稚園、高校がミッション系だったので、聖書の勉強にはまったく違和感はありませんでした。

大学を卒業して、基礎系の大学院4年間、その後、小児科医局(1)に入って小児血液学に取り組みました。基礎医学時代の恩師K教授は学生に人気の先生でした。授業には周到な準備をされており、「授業をするときは、世界最高の権威者を前に授業する心構えでするんや」とおっしゃっていました。また、「たとえ学生さんが1人しかいなくても、大勢を相手にするときと同じに、一生懸命せなあかん」とも言われました。友人から、私のしゃべり方は、この、恩師のK教授に似ていると言われたときは名誉なことと思ったものでした。

ある時、教授の出張中に学生実習用の顕微鏡の更新がありました。よくある話ですが、100台更新が必要なのに40台分の予算しかない。双眼視の顕微鏡が望ましいけれど、40台分なので不公平になるからと留守を預かっていた先生は従来と同じ単眼視の顕微鏡を発注されました。教授は出張から帰って来られてからその報告を聞き、残念がられました。一部更新でも、ベターな物に換えておかないと、換えるチャンスは少ないのです。

K教授はカリフォルニア大学サンフランシスコ校（UCSF）に留学されたのですが、当時の渡米は船だったそうです。先生は剣道初段で、UCSFに剣道の心得のあるアメリカ人がいたので対戦したらコテンパンにやられたとおっしゃっていました。K教授の後輩や弟子の多くは教授になりました。

小児科での恩師のM教授の言葉で、我々弟子が一番よく覚えている言葉は、“rare disease, common problem”です。意味するところは稀な病気であっても、その発症過程には他の疾患の基盤となるような共通の病態生理を含んでいるということで、珍しい病気だからと軽んじることなく、そこに含まれている医学的な真理をつかみなさい、という示唆です。M教授も多くの弟子を教授にされました。

M教授は勉強が本当にお好きで、昼食中の院内食堂でも、お迎えの車を待つ病院の玄関口でも、論文を読み続けられる姿が印象的でした。教室のレクレーションでリゾートホテルに到着後もすぐに論文を引っ張り出しておられました。我々弟子も、教授のそういうひたむきなお姿を尊敬していました。私が医局長（教室のマネージャー）をしていたときに、教授と助教授と私がエレベーターに一緒に乗り合わせたのですが、教授がそのとき、「このエレベーターが落ちたら、小児科教室(1)は大変なことになるな」と言われました。私は「大丈夫ですよ、すぐに次世代が育ちますよ」と軽口をたたいたのですが、教授が「それもそうだな」と答えられました。教授は懐が深いなと思いました。

M教授は他県からいらっしゃって、同窓の教授がおられなかったためか、教室員の融和に気を遣われました。宴会の締めにはいつも、教室員全員を率いて「若者たち」の歌（作詞：藤田敏雄、作曲：佐藤勝）を歌われました。この歌が我々にとって応援歌でした。

血液内科学のT教授にもかわいがってもらいました。小児科で細々と小児血液学の研究をしている私を、血液内科の勉強会や宴会に呼んでくださいました。毎年の血液学会の折に会場でT教授にお会いして雑談させていただくのが今でも楽しみです。世界的な仕事をされた先生ですが、退官の折には、「清風おもむろにきたりて水波おこらず」と題した、在職中に学内外の印刷物に書かれた文集を出されるに留められました。文集に湯川秀樹博士と朝永振一郎博士の対談が紹介されていました。湯川博士の先輩の大先生がつまらない質問を平気でされていたのを見て、湯川博士がこの態度は非常に大切なのだということに気付かれ、自分もそうしようと決めたというくだりがあります。私も米国留学中にやはり愚問を大勢の前で平気でするアメリカ人医師を見て、こんな愚問でも許されるのか、と感心したことを思い出しました。

K教授もT教授も京都のご出身であったためか、ライフスタイルに粋《いき》を感じました。前記の退官記念文集の題名は蘇東坡の前赤壁賦からの引用とのことですが、立つ鳥跡を濁さずというT教授の心境でしょう。

〈注〉

（1）医局と医局システムについて：

大学病院の診療科ごとの医師の集合体を医局と呼びます。教室とか講座もほぼ同じ意味です。医局は臨床・研究・教育・医師の派遣などの機能を持ちます。医局に所属する医師を医局員と言い、2種類あります。大学医局に勤務する医師と医局から関連病院に派遣されてローテーション中の医師です。ローテーション期間は数カ月から数年と幅があります。固定ではなく、相互に入れ替わります。当時、我々の医局の医局員数は大学所属40名、ローテーション中40名ほどでした。

医局システムが壊れたことが現在の医療崩壊の一因になりました。卒業後の医師は例えば小児科を専門としたい場合、出身校かそれ以外の大学の小児科医局に所属して研鑽を積みます。その間に関連病院に派遣されて地域医療を担当します。誰しも不便な地域には行きたがらないのですが、医局が調整して、辺鄙な土地で1、2年勤務したら、その後は本人の希望を優先します。個人の希望、医局の希望、地域病院の希望のバランスがとれていたのです。しかし、厚生労働省の方針で病院ごとの医師直接採用（医師臨床研修マッチング）になったので、地方に派遣する医師の調整がきわめて困難になったのです。

留学

海外留学は可能ならぜひ行くことをお勧めします。本当は日本が生き残るために多くの若い人に海外留学をしてほしいのです。なぜ海外留学が大切か。第1に視野が広がります。日本での考え方と他国での考え方が大きく違うことを体験できます。当然と思っていたことが実は日本だけの常識だったということは少なくない。第2に自分の勉強したい領域の専門家が日本にいるとは限りません。外国に行って初めてその分野を深く学べるかもしれません。成果を日本に持ち帰って役立てることができれば非常にいい。第3に度胸がつきます。海外でのやりとりに慣れれば、物おじすることも減るはずです。第4に語学力がつくでしょう。ただし、日本人の間でばかり生活していると語学力はつきません。また日常会話だけでなくて学問的討論ができることが必要です。第5に、欧米への留学であれば、ふだんの授業や論文作成時に、論理性を厳しく要求されます。日本伝統の情緒的な思考でなく、論理的な思考を身に付けないと世界では戦えません。第6に、これはなかなか難しいですが、海外に人脈が得られます。

ここでいう留学は大学や大学院に行く正規の留学で、語学留学は含みません。語学留学はハードルが低いだけに、留学して十分な実力をつけるのは難しいからです。

明治維新直後、日本は貧乏でしたがたくさんの若者を海外に送り出しました。欧米に追いつくためです。その成果は目覚ましいものがありました。明治の偉人・著名人の多くは留学組と言っても過言ではありません。今の若者は留学希望者が極端に減っています。就職のチャンスが大学新卒時のほぼ1回きりのためにリスクを冒せないのです。こんな馬鹿なやり方はすぐに改めなくてはなりません（日本が急激に欧米化を目指したのと逆を目指したのが清国だったのかもしれません。浅田次郎さんの『蒼穹の昴』[1]は、その当時の清国の事情を描いた歴史小説です）。

伊藤忠商事相談役の丹羽宇一郎さん（現在は中国大使）がジャーナリストの田原総一郎さんと話しています[2]。

丹羽　「昔は教育に投資したんですよ。イギリスの有力誌『エコノミスト』が'62年に『日本は敗戦国なのにイギリスよりも高等教育に熱心である』と報じて『ミラクル・ジャパン』と書いている」。

田原　「日本から海外の大学に出て行く人も減少し、ハーバード大学への進学が、ついに今年は1人だけになってしまった」。

丹羽 「留学のメリットがないからですよ。苦労してMBAを取得しても、日本に帰れば普通の大卒と同じ給料です。経済界も何らかのインセンティブを考えていかなくてはいけません」。

会社を休職して留学できるならいいのですが、可能な会社は少ない。いずれにせよ、留学で地力をつけて、認められる存在になることです。サッカーで海外組が日本代表の主力であるように。次項以下に昔の話ですが私の留学経験談を書きます。少し前まではこういう時代もあったのですが、今でも留学の意義が大きいことに変わりはないでしょう。

さらに言うなら、多くの日本企業が海外展開とかグローバル化だとか叫びます。しかし実態は、それらはお題目にすぎないように思います。田原さんと丹羽さんは海外留学組を重視すると言いますが、人事担当者はどう思っているのでしょうか？ 本当に海外留学の意義を理解しているのでしょうか？ 採用を決めるのは最終的にはトップであっても、トップに情報が上がるときは現場から順々に上がっていくのが日本的慣習です。するとそのうちに情報があいまいになり、結局、海外留学の意味なんてわからなくならないでしょうか？

大前研一さんと柳井正さんの共著『この国を出よ』(3)に衝撃的な発言があります。英語について、韓国の高麗大学では学部によっては卒業時のTOEICスコア800点が要求され、日本企業のライバルであるサムスンに入社するには900点、課長になるには920点が必要というのです（990点満点）。対する日本のソニーは課長昇進が650点とのこと。

英語さえできればいいってもんじゃないという批判がよくありますが、英語ができなければ世界には通用しない。通訳がいないと契約がとれない企業と、直接交渉できる企業とでは、後者の方が交渉しやすいのは当然でしょう。むしろ英語能力は出発点なので、英語能力がないと出発点にも立てないことになります。英語ができた上で専門能力があって、はじめて世界で戦えると思います。

〈注〉

（1）浅田次郎（著）『蒼穹の昴』講談社、1996

（2）週刊現代　2010年5月22日号　http://gendai.ismedia.jp/articles/-/568?page=4

（3）大前研一・柳井正（著）『この国を出よ』小学館、2010

留学日記【1】研究

私は36歳のときに家族連れでテキサス州ヒューストン市（人口全米4位）のテキサス大学M・D・アンダーソンがんセンターに丸2年間、ポストドクトラルフェロー（博士課程修了後研究員）として留学しました。なぜ留学したか、それは私が大学院生として基礎医学教室にいた時分には留学するのが当然で、先輩は全員留学していたからです。ですから、臨床医学の教室（小児科学講座）に移ってからも、なぜ留学するか考えてみたことはありませんでした。強いて言うなら、違う世界を見たかったということでしょうか。

日本の大学から留学する場合、2年間留学して帰国というパターンが多いです。私もそうしました。2年間までは休職できるのですが、それ以上になると帰国後ポジションがありません。留学中に優れた成果をあげた人は留学先に残ることもあります。聞いた話では、当時、関西のある国立大学は人事をうまくやりくりして、留学した研究者が経済的に困らない工夫をしていたそうで、行き届いた配慮をうらやましく思ったものでした。

留学先は自分の属する講座（教室とか研究室とも呼びます）の教授の紹介のことが多いですが、自分で直接海外の大学に応募することもあります。自分で応募する場合は、自分自身が実績をあげていないと受け入れてもらえません。私は米国の専門誌にそこそこの論文を掲載されていましたが、それがなかったら留学できなかったでしょう。私の日本の講座の教授は小児科の中の代謝学が専門で、私は小児血液学だったので留学先は自分で探さなくてはならず、応募の手紙（application letter）を十数通ほど出しました。パソコンが普及する以前のことなので、英文タイプで書きました。十数通の応募というのはおそらく少なすぎです。今ならパソコンを使って数十通あるいは100通くらいは楽に出せるでしょう。ヒューストンにいた時に友達になった東京大学のM先生は、M・D・アンダーソン病院での研究後、ニューヨークの病院に臨床医として移ったのですが、そのときは100通の応募書類を出したと聞きました。

日本人医師の留学先の多くは研究ポジションで、臨床医としての留学は少ないのです。というのは、海外で臨床を行うにはその国の医師資格がないといけないのですが、これを取得するのが難しい。それでいきおい、研究目的の留学になります。日本の医師資格は海外では通用しませんが、EUではEU各国の医師資格が相互に承認されるように動いているようです（現在すでにそうなっているか、近々そうなるのか知りません）。日本も対策を立てるべきですが、そういう議論は聞きません。名古屋大学の内科からM・D・アンダーソン病院に臨床医として来ていた先生は病院と雇用契約を結ぶ時に、1年間360日勤務と書いてあって、うそだろうと思っていたら本当で、最初の年にはクリスマス休暇以外には休みはなかったと言っていました。でもアメリカの臨床医は上に行くほど条件がよくなり、最初の数年は地獄で、あとでは天国とのことでした。

さて、留学したいと応募の手紙を送っても返事をくれない教室もありましたが、多くは今ポジションがないと断ってくる手紙でした。2、3カ所から、紹介状（recommendation letters）を出しなさいという返事が来ました。紹介状を3人の先生に書いていただいてM・D・アンダーソンがんセンターへの留学が決まりました。決まったのが3月下旬で、5月上旬には渡米するように言われたので、非常にあわただしく、ほとんど準備期間がありませんでした。

熊本大学小児科から小児血液学の勉強で留学するのも、M・D・アンダーソンがんセンターに留学するのも私が初めてだったので、留学先の様子はまったくわかりませんでした。インターネットもまだなかったですし。そこで小児血液学会で親交のある他大学の小児科の先生でM・D・アンダーソンがんセンターに留学しておられた人を探し出して、その先生を介して当時、同センター留学中の先生を紹介してもらいました。私たち一家をヒューストンの空港に迎えに来ていただき、最初の生活のスタートでは大変お世話になりました。現地到着後、自分だけで生活の基盤をつくるのは不可能で、日本人同士、自分が世話になったら次の人が来たときに面倒を見てあげるということを代々やっていたわけです。

当時は1ドルは250円くらいで、飛行機代も高く、とくにうしろだてもなかったので先方からの給料も安く、経済的にはたいへんでした。まあ、考えようによってはなんでも自力でやってきたということにはなります。

留学先の教室は血液内科の1部門で、主任のB教授は骨髄腫という血液のがんが専門でした。現在でも骨髄腫の臨床では世界のトップレベルです。骨髄腫は小児科の病気ではありませんが、私は基本は同じだと思っていたので、とくに違和感も感じず臨床研究に従事しました。教授はドイツ人で、骨髄腫の臨床チームと研究チーム両方を持っていて、研究チームでは助教授がユダヤ人、講師がベトナム人、もう1人の留学研究者がイタリア人、大学院生やテクニシャンがアメリカ人やベトナム人やメキシコ系でした。テクニシャンの2人は後日、ゼネラルエレクトリック社などに転職したと聞きました。この研究室には日本人はおらず、それは大事なことでもあったと思います。留学先の研究室に日本人が複数いる場合、会話はどうしても日本語になるので英語の力が身につかないからです。

アメリカ人は自分のボスに対してもファーストネームで呼ぶと言いますが、実際、ボスをファーストネームで呼んでいたので、日本人の感覚ではちょっとびっくりでした。

留学中の私の学問的成果は可もなく不可もなくといったところでしょう。専門誌に論文が1編掲載されたこと、アメリカがん学会で発表できたこと、ニューヨークのスローン・ケタリングがんセンターで発表できたことが主な成果です。この論文のおかげで帰国後、日本の学会でシンポジストに指名されたので、それなりによかったと思っています。

留学中、いろんな刺激を受けました。例えば私のいた病院は世界的ながんセンターなので、血液内科の正教授だけで7人いました。それぞれ顕著な業績を持つ人たちですが、何年かに1回、インターナルレビューという検討会があって、高名な学外の研究者数人に来てもらって、その人達の前で教授たちが研究成果を1人2時間ずつ、2日間にわたって発表するのです。我々若手は傍聴させてもらうのですが、本当に厳しいなと思いました。

毎週月曜日の昼食時間には病院の大講堂でグランドラウンドという一種の講演会があり、ここでは病院内の研究者が交代で自分の研究を1時間程度で発表するということをやっていました。聴衆はサンドイッチなど軽食を食べながら講演を聞くのです。

また、私のいた病院はメディカル・センターと呼ばれる地域にあって、同じ地域にベーラー医科大学やテキサス大学医学部ヒューストン校や心臓病センターがありました。そのため、各施設でのセミナーや講演会などさまざまな勉強する機会があり、それらの催しは登録していると週に1回、個人あて印刷物で案内が来るシステムでした（今ならメーリング・リストで簡単ですが）。私はテキサス大学大学院のがん遺伝子の集中セミナー（週1回で6週連続くらい。受講者は6人から8人くらい）に出させてもらいました。1回あたりに読むように指示された論文・書類の量はかなりのものでした。本来、大学院生でもないモグリの受講者なのに、教授から君は何者だと聞かれることもありませんでした。小児科の白血病治療計画打ち合わせに出たときだけは、ここは治療計画を立てる場なのでクローズドの会だから、お引き取りをと言われてしまいましたが。

帰国前には、私の所属した教室の教授のつてで、テネシー州メンフィス市にあるセント・ジュード小児病院を1泊2日で訪問しました。朝から夕方まで同病院と相談して決めた見学スケジュールに従って研究者や臨床家に会うのです。およそ1時間きざみで午前中3人、午後3人と面談したように覚えています。この病院は小児がんの治療と研究について、世界のトップ施設です。最初に所長に会ってもらいました。この人が前記のインターナルレビューで我々のM・D・アンダーソン病院に来ていた審査員の1人でした。「日本からの患者さんでも受け入れることはできますか？」と尋ねたら、もちろんＯＫだとのことでした。この病院にも日本人研究者が10人くらい留学していて、北海道大学獣医学部の人から、「新型インフルエンザはトリに由来します。そしてＡ香港型が出現して以来、新型が出現していないので、やがて出現するでしょう」と言われました。これが２００９年に現実になったのでした。

後日、帰国後2年ほどして、血液学を専攻する韓国の小児科医が私たち熊本大学小児科に1週間滞在したことがありました。私はセント・ジュード小児病院でしてもらったように、彼の滞在中のスケジュールを作ってあげて、熊本大学医学部の血液学研究者との面会を準備してあげました。彼には学問的刺激になったのではないかと思います。

また、やはり帰国後、教授からエジプト人の大学院生（博士課程）の血液学研究指導を命じられたので、4年間指導をしました。彼女は筆頭著者の英文論文2編を血液学専門誌に掲載することができました。留学して自分がアメリカでお世話になったように私も外国からの留学生の役に立ちたいと思ったものでした。

留学日記【2】生活

生活についてのさまざまな情報はヒューストン日本貿易懇話会がまとめた本『ヒューストンに暮らす』[1]が大きな助けになりました。日本人のための図書館「山水会館」があり、ここで日本の新聞を読んだり本を借りることもできました。

留学当時、うちの子どもは7歳で日本では小学1年生になったばかりでした。ヒューストンでは自宅近くの地元の学校に通わせました。子どもの通学は危険防止のために（誘拐されたりしないように）親が車で送り迎えします。9月から新学期ですが、始業式はなく、学校が始まったら、そのまま授業です。初めはなんだか違和感がありましたが、慣れると、これも悪くないなと思うようになりました。

宿題が多くて、一晩に教科書を十数ページも読んでいかなくてはならず、私が教えるわけですが、親も子も大変でした。教科書には日常語が多く出てくるので、日本の英語の教科書とはずいぶん違っていました。broom というのは「ほうき」ですが、こういう単語は日本の英語の教科書ではまず遭遇しません。

入学するときに、学校に書類を提出するのですが、これに、「体罰がどうしても必要な場合、体罰がいやなら、学校から連絡するので保護者は1時間以内に学校に来なくてはならない」という項目があって、こういうやり方もあるんだと思いました。

また、学校では社会科見学もあり、低料金ながら費用がかかります。この場合、料金を払えない家の子は参加できず、教室で留守番です。厳しいけれど明確な基準があるのでぶれることはないと感じました。日本ならこういうことをすると学校は親から責められます。でも、それではどうすると公平なのかが難しくなってしまいます。日本ではスーパーの障がい者専用駐車場に図々しい人は平気で駐車しますが、アメリカでは違反駐車した場合は罰金500ドルと書いてあります。不正は許さない社会の姿勢が最終的には障がい者の権利を守っていると思います。

私たちの住んでいた地域は、家賃の安い地域だったので、住人にもメキシコ系、黒人系の人が少なくありません。隣人はレバノン人でした。子どもたちは人種別に遊んでいたようで、互いの交流はないようでした。文化の違いが大きく影響しているのでしょう。留学で来ていた日本人医師家族はおおむね、この地域に住んでいました。

学校のPTAもあり、PTAの会合は夜開かれるので、親も出席しやすくなっていました。学校では親のボランティア活動が盛んで、妻も図書室の手伝いをしていました。けっこう面白かったようです。日本も最近は治安が悪化しているので難しいかもしれませんが、図書室の手伝いであれば、ボランティアが可能ではないでしょうか。

ときどき、Breakfast with father というような催しもあり、簡単な朝食を学校の食堂で父親と子どもが一緒に食べることもあり、面白いなと思ったものです。また、10月末には夕方から学校でハロウィーン・パーティーがあり、子どもたちが思い思いの仮装で親と一緒に学校にでかけます。うちの子は映画のシリーズでやっていたスーパーマンの仮装ででかけ、ちょうどスーパーガールの仮装をした女の子がいたので一緒に記念写真をとらせてもらいました。さまざまな点で学校と親が割合、近い関係にあるように思いました。

子どもも2年間のうちには英語に慣れて、親が聞き取れない英会話も聞き取ることができるようになっていました。夏休みにはＹＭＣＡの主催するサマースクールに連日通って、あちこちの見学などもあったようです。

自宅は２００世帯ほど入っているアパートの1室を借りていました。テキサス州は土地が広大なためか（日本より広い）、アパートも2階建ての長屋作りの2階で２ＬＤＫですが、１部屋がべらぼうに広く、たぶん日本の同じ間取りの3～4倍くらいの広さではなかったでしょうか。ヒューストンは暑いので（日本の種子島と同緯度）、多くの家にプールがあります。私たちのアパートにも何カ所かプールがありました。プールの端の百日紅が真っ赤な花を咲かせていたのをよく覚えています。

日本人はあまり英語ができないので（とくに会話ができない）、ホームセンターに買物に行っても、時にはあからさまに黒人女性の店員に馬鹿にされたりもしましたが、総じてひどい目にあったことはありませんでした。

私たちが気をつけていたことは、どこかに行く時にはTPOには注意するということでした。人の行かないような場所には行かない、人の行かないような時間には行かないということです。友人のインド人研究者が人の少ない時間帯に駐車場で強盗にあって、銃を突きつけられ、腕時計を渡して無事だったという話を聞いてびっくりしました。駐車場で車のカギを出すのにモタモタしないようにカギはすぐ出せるようにしておくことも大事でした。また、ショッピングに行くときも、子どもの手は絶対に離さないように注意しました。日本ではショッピングで街に行くと、親が子どもの近くにいないことがよくありますが、まあ、日本って安全な国なんだと感心します。アメリカだったら非常に危険です。

英語での失敗で印象的だったことが2つあります。職場で他の研究室の研究者（前述のインド人です）の部屋に打ち合わせに行ったのですが、彼は不在で、同じラボの若い白人の大学院生が、多少面倒くさそうに（お義理で）、"May I help you?"「なんかしてあげれることある？」と聞いてきたので、"No, thank you."と答えるべきところを"Nothing."と答えてしまったので、彼はかんかんに怒りました。"Nothing."では「あんたにできることなんてないよ」という感じになってしまいます。「ありがとう。でもとくにないよ」というべきでした。

もう1つは、私の弟夫婦と母がヒューストンに遊びに来た時に、車で3時間足らずのサンアントニオ（アラモの砦の戦いで有名な１００万都市）に遊びに行きました。ここは市内中央にパセオ・デル・リオ（川沿いの散歩道）という観光スポットがあります。ここでみんなで朝ごはんを食べて、その後、テーブルの上を片付けてもらってコーヒーを飲もうということになりました。ところが、店の人にまちがって、"Bring them, please."と言ってしまいました。店の人は「?」だったのですが、再びさっきの朝食と同じものを持ってきました（同じものを持ってきてください、になってしまったのです）。そこで"Take them away, please."と言うべきところを間違ったことに気付きました。店の人は事情がわかったようで、しょうがないなぁという感じで、朝食代にチップ15%を加えた伝票を持ってきました。良心的な店でした。ごめんなさい。

九州大学から来ていて仲良くなったH先生は、「無事に帰国して80点、遊んで帰って90点、仕事ができたら１００点」と言っていました。そういうスタンスがいいと思います。異国の地で無理はしない方がいいから。

海外生活中、幸い大きな病気はしませんでしたが、病院に受診してレントゲン撮影や血液検査を受けたり、処方箋をもらうとそれぞれに請求書が郵便で送られてきて、健康保険には入っていましたが、やはり当時でも医療費は日本より高額でした。妻が歯科で治療を受けましたが、歯の治療がまったく痛くなく、これには感激していました。同じ頃、留学されていた歯学部の先生の話では、日本よりもアメリカの歯科のほうが相当進んでいるとのことでした。

当時は今に比べたら物価が安く、ガソリン代も1ガロン（3・78リットル）60セントくらいだったと記憶しています。テキサス州は石油がとれるからです。果物のメロンも1ドルしないし、コカコーラも30セントくらいでした。

スーパーに行って、いっぱい並べられた果物や食品を見るのも楽しかったものです。牛乳も1ガロンびんが普通で、なぜかわからないけれど、当時は牛乳をぐいぐい飲んでいました。乳脂肪が多かったのか、味は濃厚でおいしかったです。しかし、今考えると、これがアメリカ人のメタボにつながっているのかもしれません。私たちがサンアントニオ市のアラモ砦跡を訪れたときに、現地の警官の横に私が並んだ写真をとったのですが、おとなと中学生くらいの体格差がありました。

中国系の人たちのショッピングセンターやスーパーがあり、豆腐も売っていました。夕食にすき焼きをするときに買って帰るのですが、賞味期限（?）が1カ月もあり、多少の心配をしながら食べたものでした。日系のレストランももちろんありましたが、値段が高いので特別な日の外食で利用する程度でした。

土日は休みですが、土曜日には子どもはヒューストン日本語補習校に行っていました。ヒューストンは石油産業が盛んで日系商社の駐在員の人も多く、子どもたちのために文部省の認めた週1回の日本語補習校が開校されるのです。現地の高校を借りて、日本と同じ教科書を使って小学校と中学校の補習授業が行われていました。住宅地にはたいていリスがいます。補習校の芝生にもリスがたくさんいました。

補習校では運動会もありました。また、年に1回講演会があり、私たちが滞在していたときには、日本の南極探検隊の方の講演と、NASAの日本人宇宙パイロットの講演がありました。宇宙の話の時に毛利衛、向井千秋、土井隆雄の3氏が来られました。将来建設する宇宙ステーションの話をされたことを覚えています（「知識」の項目にそのときのことを少し書きました）。

日曜日には教会に行くことが多かったです。ダウンタウンの教会です。私たちは通常の礼拝に出席するのではなくて、キリスト教の勉強をしていました。教会には親日家のハードさんというご夫妻がおられて、毎週日曜日、日本人の滞在者5～6人を相手に聖書そのものではなくて“Mere Christianity”(2)（小さな信仰）というペーパーバックをテキストにキリスト教信仰とはどういうものかのお話を連続でされていました。この本はイギリス人の著者C・S・ルイスが第2次世界大戦中、ドイツ軍の空爆を受けながらラジオ放送で続けた話を出版したものと聞きました。私たちを指導されたハードさんは後日、日本の勲章を受章されました。また、ハードさんは第2次世界大戦後、進駐軍として日本に行った経験があると聞きました。

それ以外の日曜日にはドライブに行きました。ヒューストンでは日常生活でもレジャーでも、自動車がないと生活できません。公共交通機関が乏しいし、市が広すぎるのです。車は研究室のベトナム人の講師に紹介してもらって中古車販売店から購入しました。GM社のカトラス・シュープリームという車で排気量は３６００cc、アメ車としては中型車で運転はしやすかったです。最初、車がまっすぐ走らず、ハンドルをとられるので修理工場に出すのですが、なかなか直らない。右にハンドルをとられるからと持って行くと、その日の夕方に返してくれて、“Perfect.”と言われますが、今度は左にとられる。２〜３回そんなことを繰り返して、やっと直りました。いい加減なんだなぁ、と思いました。

３月末ごろ、テキサスの道路端にはブルーボンネットという可憐な青い花が咲きます(3)。これはルピナス（昇り藤）の仲間です。ブルーボンネットの名前は「大草原の小さな家」に出てくるような昔の女性の帽子の形に似ていることからきています。テキサス州の州花です。また、同じ時期、ヒューストン市の高級住宅地の豪邸５〜６軒が開放されて、その庭園と室内を低料金で見学できる催しがあり、これをアザレア・トレイルと呼んでいました（アザレアはつつじ）。何軒かはしごして見るのですが、アメリカのお金持ちのおうちってすごいなと思ったものでした。経路の途中には昔ながらの、小学生のレモネード売りがありました。今は治安が悪化していますから豪邸見学は行われていないかもしれません。

６〜８月までは子どもは夏休み。７月４日の独立記念日には花火大会があります。花火会場に行くのですが、帰りがアメリカらしいというか、終わるとみんな、一目散に帰宅します。事件に巻き込まれたりすることのないようにだと思いました。10月になるとテキサス・ルネッサンス・フェスティバルという催し物が2カ月ほどの期間、広大な敷地を使って開かれます。なぜルネッサンス・フェスティバルなのかわかりませんが、シェークスピア時代の扮装をした人たちが当時のような手品や奇術や軽業、模擬戦闘、商品販売、食事など提供してくれて、楽しい催しでした。

年末には恒例のくるみ割り人形のバレエがあります。また、市にオーケストラがあるのでクラシックコンサートも年中開催されており、私たちの職場にも割引チケットが回ってきていました。マイケル・ジャクソンの「バッド・ツアー」がヒューストンに来たので、見ることができたのも良い思い出です。2月ごろになると、これまた恒例のロデオ大会が1カ月くらい開かれます。カントリーミュージックのコンサートも同じ頃開かれます。テキサス州に住んで、私もすっかりカントリーファンになりました。また、メジャーリーグ・ベースボールのチームはアストロズ、プロ・バスケットボールはロケッツがあるので、シーズンには市民は熱心に応援していました。ヒューストン市民は生活を楽しんでいると思いました。

ヒューストンでの生活に慣れてくると週末は周辺の都市にまでドライブで足を延ばすことになります、すぐ近くのNASAジョンソン宇宙センター、そしてメキシコ湾に面したガルベストン市に日帰りのドライブができます。やがて1泊でサンアントニオ市やオースチン市に行き、2泊すると隣のルイジアナ州のニューオーリンズ市まで行けます。ニューオーリンズに行ったのは11月下旬だったので、生カキが本当においしかった。これも今はBP社のメキシコ湾海底油田事故のために滅茶苦茶になっているのでしょう。残念です。

クリスマス休暇はメキシコの大西洋岸の保養地カンクンに行き、1年目と2年目の夏休みには東海岸（ニューヨーク市と首都ワシントン市）、フロリダ（ディズニーワールドとケネディ宇宙センター）へ。帰国前にはグランドキャニオン、ナイアガラ瀑布、ボストン市と旅行しました。帰国前の旅行に行くときには、子どもが通っていた小学校に、「帰国前なので旅行に行くので子どもは数日休ませます」と伝えに行くと、「さまざまな土地を見るのはよいことですから、行ってらっしゃい」と言われました。アメリカ南部の人ってコミュニケーションのとり方がうまかったんだなぁ、と今も思います。その先生の性格だったのかもしれませんが。

ヒューストンから車で行く場合は自家用車で、遠くの場合は現地でレンタカーを借りて運転しました。当時はまだ携帯電話がなく、途中で車が故障したらどうしようという心配もないわけではなかったのですが、たいていの日本人研究者は休日には車で旅行していました。日本のＪＡＦに相当するＡＡＡ《トリプルエー》のサービスは至れり尽くせりで、アメリカ国内旅行の場合、目的地の地図、ガイド本、目的地までの道路地図などを無料でもらうことができました。目的地までの道路地図には道路周辺にある休憩所やガソリンスタンド、ファーストフード店も掲載されていて至極便利でした。アメリカの高速道路は東海岸以外はほとんど無料ですし、都市周辺以外は混雑もなく、ドライブは快適でした。グランドキャニオンに行く時には西部劇でおなじみのタンブル・ウィード（回転草）を見ましたし、ニューオーリンズに行く時にはミシシッピ川にかかる38㎞にも及ぶポンチャートレイン湖コーズウェイという長い長い橋を渡りました。

熊本の私の教室の教授と教室員の先生2人の計3人が学会発表のためにオースチン市（テキサス州都。ヒューストンから車で2時間半）に来られたので会いに行きました。見知った顔を異国で見るのは嬉しいものです。

当時は飛行機のテロもなく平和でした。最初にヒューストンに行くときは成田からロサンジェルス（LA）経由でヒューストンに飛びました。LA・ヒューストン間はコンチネンタル航空で、客室乗務員のユニフォームは濃い茶色のカントリーウェアで、チアガールみたいだったのでびっくりしました。ああ、西部に来たんだなぁと思いました。機内食は大きなクロワッサンとポテトチップとリンゴ1個とチョコレートバーとチーズとジュースで、お手軽さに驚きました。

クリスマス休暇でメキシコのカンクンにバカンスに行き、ヒューストンに帰る時、たまたま搭乗した飛行機の機長の誕生日だったので、客室乗務員と乗客全員でハッピーバースデーを合唱しました。機長はその後、操縦席を希望者全員に見せてくれました。現在では考えられないことですが。

ちなみに、私の所属する熊本大学小児科からは当時、首都ワシントンの近くにあるNIH（国立衛生研究所）に留学している人たちがいて、彼らは長期の休みは東海岸からは近いヨーロッパに旅行していたようです。

2年たって帰国する前日はふんぱつして5つ星の高級ホテルに宿泊しました。ヒューストン・インターナショナル空港から飛行機が離陸するときに、また必ずこの地を訪れようと思いました。3年後、アメリカがん学会がヒューストンで開催されたので演題を持って参加し、M・D・アンダーソン病院の知人たちと再会することができました。

自分の小さな経験からも、留学で違う勉強・研究をし、違う生活スタイルを経験することは意義深いと思います。2010年のノーベル化学賞は2人の日本人研究者が受賞されました。日本の若い人たちが理系に進んで研究をしてほしい、それは楽しいことだし、資源の乏しい日本に貢献することにもなる、留学もしてほしいとおっしゃっていました。私はこのご意見に全面的に賛成ですし、さらには文系の人も留学して、広い視野と深い学識を得ていただきたい。そして日本の社会がそれを後押しするようであってほしいと心から願っています。

〈注〉

（1）在ヒューストン日本貿易懇話会（編著）『ヒューストンに暮らす』日本貿易振興会、1985

（2）C. S. Lewis（著）『Mere Christianity』（改訂版初版はMacMillan Publishing Co., 1952年刊ですが、現在も新装版として入手可能。ちなみにC. S. Lewisは、『ナルニア国ものがたり』の著者でもあります。）

（3）Wikipedia (English), Bluebonnet

外国語

外国語を学ぶことが重要なことは言うまでもありません。勉強や仕事で不可欠ですし、日常生活でも知っている方がいい。一方では役所言葉にカタカナの英語が頻繁に用いられています。例えば佐賀県の資料では避けた方がいいカタカナ英語が6ページにわたって列記されています(1)。「パブリックインボルブメント」とか「ロードプライシング」と書かれています。前者は「住民参画」で、後者は「道路課金」だそうです。なぜ英語を使いたいのかわかりません。英語で言うと立派に聞こえるのでしょうか？　けれども、住民（納税者）に対してひどく不親切です。

余談ですが、昔は映画の題名は日本語に直していました。たとえば「夕陽のガンマン」（クリント・イーストウッド主演、1965年）の原題は「あと数ドルのために（For a Few Dollars More)」です。原題の意味はわかりにくく、「夕陽のガンマン」はうまいタイトルです。でも最近は原題をそのままカタカナにした題名が多い。「ノーカントリー」「スラムドッグ・ミリオネア」「ハート・ロッカー」と原題そのままです。

アパレル系・ファッション系・レストラン系ではよくフランス語が使われます。意味や読み方を知っていると洋服を買ったり、フランス料理を食べるときにちょっと楽しい。アニエス・ベー agnès b（アパレルメーカー）とかフロマージュ fromage（チーズ）とかプランタン printemps

（春）など。

しかし、外国語で一番用いられるのはやはり英語でしょう。英語は世界中で通用します。語学は読む、書く、聞く、話すの4つすべてができることが望ましいです。なかでも文法は大事です。文法をおろそかにすると英語による知的な作業はできません。日常会話は大切ですが、日常会話レベルではビジネスも学術研究もできません。英語を社内公用語化した日本企業が話題ですが、はたして意思の疎通や情報の共有が可能か疑問です(2)。英語がある程度できるなら、辞書はＰＯＤ(3)がお勧めです。語源も載っていて大変有用です。英語の勉強に面白い本があります(4)。語源に従って派生語、類語をまとめてあり大変興味深いです。

学術論文を英語で書く方がいい理由の1つは、読者数が圧倒的に多いからです。世界人口は60億人、日本人は1億2000万人。世界中の専門家は英語を使います。日本語の論文の読者はほぼ日本人だけでしょう。

大学では第2外国語も学びます。第2外国語をやらない大学もありますが、できれば学んだ方がいい。第2外国語を勉強すると英語の位置づけができます。ドイツ語やフランス語を勉強すると、英語って本当はとってもやさしいことに気付きます。ドイツ語もフランス語も動詞が主語の人称と性、さらに時制によって変化します。すべての名詞に性があって冠詞に影響します。大変面倒です。しかし語学のテキストには、主要なものを覚えることと、あとは慣れです、そんなに心配することはありませんと書いてあります。テレビやラジオの外国語講座もありますし、語学のテキストはCD付きですから独習も可能です（独習用のフランス語テキストとして三修社の『フランス語の最初歩』がお勧めです）。

最近、フランス語やドイツ語で書かれた文章の翻訳法に気付きました。それはGoogle translateまたはBing Translatorを使って、英語に直すことです。欧米語同士であれば日本語に直すときのような奇怪な文章にはなりません。ぜひ試してみてください。世界の言語の相互関係、発達の仕方を進化学の手法で分析した論文⑸が発表され、これも興味深いです。

最近は医師のカルテを日本語で書くようにと言われます。患者さんが読めるようにということです。しかし日本語でカルテを書くにしても、その医学用語の英語を医師は知っておくべきです。日本語と英語の両方の術語を知っておかないと英語文献は読めません。英語の術語をなおざりにして要求水準を低くしていくと、ゆとり教育の失敗を繰り返すことになってしまいます。

患者さんの医学知識は当然限定的なので、単に日本語にすれば患者さんが十分理解できるわけではありません。また、保健行政がカルテの日本語化を進めるのであれば、前述の自分たちの役所用語もカタカナ語を使わないようにしないといけないでしょう。

〈注〉

（1）佐賀県、いわゆる「お役所言葉」改善の手引、２００４
http://www.pref.saga.lg.jp/web/var/rev0/0070/2500/1oyakushokotoba.pdf
（2）成田一、私の視点、朝日新聞、２０１０年9月18日
（3）Pocket Oxford English Dictionary, 10th ed., Soanes, C. et al., Oxford University Press, 2005
（4）山並陞一（著）『語源でわかった！ 英単語記憶術』文春新書、２００３
（5）Dunn, M. et al. Nature 473:79-82, 2011

家庭学習

子どもが勉強する場としての家庭について少し考えてみます。人生で勉強する時間は最低でも義務教育の９年間、多い場合は幼稚園・保育園から大学院博士課程まで入れると20年以上になります。ですから生き方を論じるときに家庭学習を考えないわけにはいきません。効率の良い勉強を行うのが大切で、時間さえかければできるという勉強はいけません。試験のときも時間は限られていますし、社会人になってからも締切がある場合がほとんどだからです。小学生の時から勉強を大切にして、物事を理解する喜びが得られれば幸せなのですが。

勉強する場合、当然ですがテレビや音楽は消して集中できるようにすることが必要です。他のこ

とをしながらする勉強は効率も上がらないし、試験の時にはテレビや音楽は流されないのですから、消して勉強しないと試験のシミュレーションにもなりません。家族が勉強に理解がない場合、子どもが勉強に励むのは簡単ではないでしょう。親が自分はテレビを見ていて、子どもには勉強しなさいというのはありそうな風景ですが、できれば避けたいものです。子どもが勉強している間は、親も家庭内の仕事をしたり、活字を読むことが望ましいでしょう。

それから、子どもが一人で勉強できるならいいのですが、実際は塾や家庭教師にお願いすることが多いでしょう。子どもが独習できる適切な副読本や問題集もなかなかないかもしれません。親が勉強を見てやる場合、身内なので子どもにも親にも一種の甘えが出て、容易ではありません。親は事前にテキストを見て内容を十分把握しておく必要があります。教科書を初めて読みながら教えるのでは、親といえども正しい理解ができるとは限りません。親は気持ちの余裕を持って子どもに接することが大切です。これぐらいのこともわからないのか、という態度では逆効果です。ですから、親が疲れているときには子どもの勉強を見るのは止めた方が賢明です。疲れていると感情に流されやすくなるからです。でも、子どもの勉強を見てやることは、親自身にとってもためになるのです。定年退職して高校時代の勉強をやりなおそうとする人たちも少なくないようで、書店にはそういう読者を対象にした本が多数並べられています[1][2]。

家庭学習に関連して予習、復習について述べましょう。まず復習について。復習は今日学んだことの復習でしょうから、長い時間をかける必要はありません。今日のポイントがわかっていればそれを見直すだけでOK。疑問点が残っていたらそれを調べます。そして予習では翌日予定の範囲にざっと目を通します。その中でポイントがつかめれば非常にいいですが、つかめなくても出てくる言葉に慣れておくだけでもいいと思います。他のところでも書いたように、科目数にもよりますが、復習15分、予習30分くらいで早めに切り上げるほうがいいでしょう。

それから、暗記について。暗記は勉強の重要な要素です。おろそかにしてはいけません。理屈ぬきに暗記しなくてはならない場合もありますが、理屈があるときは理屈から覚えたほうが暗記はしやすいでしょう。勉強の多くは過去に明らかになった事実に基づいているので、暗記しなくてはいけないことは多いです。基礎的な知識をしっかり理解・暗記しておくことが最終的には近道です。英文法も古文の文法もそうですし、他の教科でもそうでしょう。

〈注〉

（1）高橋一雄（著）『数ⅠA・ⅡB・ⅢCがこの1冊でいっきにわかるもう一度高校数学』日本実業出版社、2009

（2）「世界の歴史」編集委員会（編）『もういちど読む山川世界史』山川出版社、2009

赤ちゃん

私は月に2回、生後2～3カ月と生後4～5カ月の赤ちゃんのお母さん達に子育ての話をしています。そこで、この項目では生後1歳までの赤ちゃんの成長と子育てについて述べましょう。まず、日本人の赤ちゃんの平均出生体重は現在は男児３０００g、女児２９００gくらいです。以前より軽くなりました。20年前は男児３２００g、女児３１００gくらいでした(1)。低出生体重児や早産児が増えたことが平均体重の低下の原因の1つです。その背景には仕事をする女性が増えて専業主婦が減ったこと、妊娠中の栄養・睡眠のとり方の変化、女性の喫煙が増えたこと、不妊治療や生殖補助医療の発達などがあります。体重２５００g未満を低出生体重児、１５００g未満を極《ごく》低出生体重児、１０００g未満を超低出生体重児と呼んでいますが、およそ、低出生体重児が全新生児の10%、極低出生体重児が1%です。

赤ちゃんはお母さんのおなかの中に40週間います。昔は十月十日《とつきとおか》と言いましたが、実際は40週間です。ついでに言うと出産は満ち潮に多いとか夜間に多いということはないそうです。以下は弘前大学品川信良教授からの引用です(2)。

「出産がなぜ、月や潮の干満などと結びつけられたり、深夜に多いといわれてきたのかを私は疑問に思い、実は十数年前に統計をとったことがある。その時の結論は、次のようなものであった。出産は、1日24時間のうちのほとんどすべての時間に、同じくらいの頻度で始まって、同じくらいの頻度で終了している。決して夜間、特に深夜に多いわけではない」。

お母さんたちからよく聞かれる「赤ちゃんは目が見えますか」という質問があります。赤ちゃんは妊娠7カ月で目が見えるようになりますが、生まれてすぐは視力が悪く、生後6カ月でも0・1と言われます(3)。聴力も妊娠7カ月の時点で認められています(3)。

出生時体重が3kgで身長は50cm。生後1カ月の体重4kg、2カ月5kg、3カ月6kgとここまでは1カ月で1kgずつ増えて、以後の体重増加はゆっくりです。言い換えると生後3カ月までは1日に体重が30gずつ増えるのです。1歳時には体重9kg、身長75cmになります。以上は平均の値ですから個人差があります。母子手帳（親子手帳）の後ろの方を見ると、男女別の体重増加曲線、身長増加曲線が掲載されています。

発達についておおよその目安を述べると(4)、生後2カ月では目の前にあって動くもの、例えばお母さんを目で後追いしますし、笑顔が出ます。3カ月になると頸《くび》がすわり、5カ月寝返り、7カ月お座り、9カ月つかまり立ち、11カ月でつたい歩きです。これは正期産児（お母さんのおなかの中に37週から41週いた）の場合です。

赤ちゃんは生後3日頃にはお母さんの声がわかるし、おなかの中にいたときに何度も聞いていた童話は好きだし、母国語も認識できると報告されています(5)。お母さんの声を聞いたときに脳の言語中枢の血流量も増えるそうです(6)。赤ちゃんはお母さんの声が好きで、その次はお母さん以外の女性の声、最後が男性の声という研究もあります(7)。さらに、生後1カ月の赤ちゃんでも他の赤ちゃんの泣き声を聞くと悲しくなるそうで、これは共感、あるいは思いやりの心の始まりだろうと考える研究者たちもいます(8)。5カ月では数の違いが認識でき(9)、6カ月では自分に好意を持つ人を好ましく思うそうです(10)。脳の発達とは素晴らしいことだと思います。

また、赤ちゃんの認識能力について興味深い論文があります(11)。この論文では赤ちゃんの認識能力の発達を「心の理論」に基づいて説明しています。これには3段階ないし4段階があります。

第1段階は「私は知っている I know」、第2段階は「私が知っていることを私は知っている I know I know」、第3段階は「あなたが知っていることをあなたも知っている（と私は思う）I know you know」、第4段階は「私が知っていることをあなたは知っていて、そのことを私は知っている I know you know I know」です。

第1段階は生まれてから1歳半まで。この段階はほかの動物にも認められるし、自己意識はまだ明確ではなく、言語も関与していません。第2段階はその後。この段階では自己意識が明確になります。第3段階は2歳半頃。この段階になると人をだますことが可能になります。第4段階は成人と同じレベルです。第3段階との違いは、第3段階ではあなたが知っていると私が思っていることが正しいかどうかはわからないのですが、第4段階ではあなたが知っているということは私によって確認されて私によって正しく認識されているということになります。

子育ての参考になるような知識を紹介しましょう(12)。ラットの実験で子どもをしっかり世話する系統の母ラットから生まれた仔《こ》ラットはストレスに対する抵抗性を持つのですが、世話をしない系統のラットの仔はストレス抵抗性が弱いそうです。世話をする母ラットは、仔ラットをいっぱい舐《な》めて毛づくろいしてくれます。世話をしてくれない母に育てられたラットは自分が母になっても仔の世話をしません。世話をしない性質は次の世代に引き継がれるのです。ストレスに関与する脳の部分は海馬ですが、世話をしない親に育てられた仔ラットでは海馬の糖質ステロイド受容体遺伝子に変化がおこっています。この変化は数世代にわたって継代されます。さらに同じ変化が人間の場合にも認められています。つまり、子どもの時に虐待を受けると海馬の糖質コルチコイド受容体遺伝子に変化が起こり、ストレスに対して弱い大人になりますし、その遺伝子の変化は次世代に引き継がれます。

このことを踏まえて、お母さんたちから「赤ちゃんが泣くときや機嫌の悪いとき、どうしたらいいですか。おなかはすいていないはずだし、おむつも濡れていないのですが」と尋ねられたら私は「しっかり抱っこしてやってください。そうすると赤ちゃんは安心しますから」と説明します。昔は抱きぐせがつくからよくないなどと言っていましたが、今は抱きぐせなどということはなく、赤ちゃんをもっと抱いてあげてほしいとされています。

まだ行ってはいませんが、赤ちゃんが生まれたら退院までの間にお父さんに何回か面会に来てもらって、赤ちゃんの抱っこの仕方を練習してもらえば非常にいいのではないか、と私は考えています。お母さんが赤ちゃんを抱っこするのは基本ですが、お父さんも抱っこに慣れると赤ちゃんを抱くことが怖くなくなる、ひいては赤ちゃんへの理解が進み、赤ちゃんへの親しみも増すと思うのです。

〈注〉

（1）阿部敏明ほか（編）『小児科学新生児学テキスト　全面改訂第3版』診断と治療社、１９９９
（2）品川信良「日本医事新報」No.3241, １９８６、１３４頁
（3）仁志田博司（著）『新生児学入門　第3版』医学書院、２００４
（4）前川喜平（著）『写真でみる乳児健診の神経学的チェック法　第5版』南山堂、１９９９
（5）Kisilevsky, B. S., et al., Infant Behavior & Development 32: 59-71, 2009
（6）Peña, M., et al., Proc Natl Acad Sci USA 100: 11702-11705, 2003
（7）DeCasper, A. J., et al., Infant Behavior & Development 9:133-150, 1986
（8）Geangu, E., et al., Infant Behavior & Development 33:279-288, 2010
（9）Wynn, K., Nature 358:749-750, 1992
（10）Hamlin, J. K., et al., Nature 450: 557-560, 2007

(11) Lewis M., Ann N Y Acad Sci., 1001:104-33, 2003
(12) McGowan, P. O., et al., Nature Neuroscience 12: 342-348, 2009

選択

人生における選択はよく小説や映画の題材になります。選択がその後の生き方に大きく影響することは十分ありえます。ニコラス・ケイジ主演の映画「天使のくれた時間」(２００１年)では金融系に進んだリッチだけれど孤独な暮らしとリッチではないがあたたかな人々に囲まれた暮らしとどっちがいいのかを尋ねています。よくあるストーリーですけれど。あるいは、別に二者択一にしなくてもいいのですが、それではドラマにならないので。

ただし、どういう生き方を選ぶにしても熟慮とバックアップは必要です。人生にはタイミングがあるから、時機を逸してはいけない。けれども軽挙妄動も困る。バランスが難しいところです。さらに、選択したことが正解ではない場合もありえますから、その場合はどうするのか、転んでも大丈夫というようにしておくのが望ましい。自分の都合のいい方に事態は進むと希望的に行動するのではなく、うまくいかなくても何物かを得ることができるようにしておくべきでしょう。

私が子どもだったときに読んだ童話に「ひがしの村とにしの村」(正確には不明)というような

タイトルの話がありました。本はおそらく月刊保育絵本の『ひかりのくに』か『キンダーブック』でした（小児科医なので、子どもの本や童話にも関心があります。子どもの情操教育に童話は不可欠と思いますし、あたたかい雰囲気での童話の読み聞かせも望ましいと思っています）。

あるとき、ひがしの村とにしの村の村境がわからなくなり、しかたがないので朝、一番鳥が鳴いたら、お互いに村境を目指して馬を走らせ、互いの馬が出会った地点を新しい村境にしようということになりました。そこで、ひがしの村ではニワトリに朝早く鳴いてもらうために、前の晩、いっぱいごちそうを食べさせました。にしの村では馬に早く走ってもらうために、前の晩、いっぱいごちそうを食べさせました。翌朝、ごちそうを食べすぎたひがしの村のニワトリはふだんより遅く鳴きました。遅くなった、さぁ大変だ、と思ったひがしの村の人たちは大急ぎで馬を村境めがけて走らせました。一方、にしの村ではニワトリは普通に鳴いたのですが、ごちそうを食べすぎた馬は寝坊してしまいました。にしの村の人たちも、さぁ大変だ、ということで馬を大急ぎで走らせました。両方の村の人たちが馬を走らせて出会ったのは、結局、元の村境のあたりでした、という話です。

つまり、欲を張ってもそれほど変わるものじゃないよ、ということでしょう。ですから、選択においてもベストは尽くす、でもその先はどうであれ、あまりこだわりすぎなくていい。人事を尽くして天命を待つということでよさそうです。

柔軟性

考え方の柔軟性は非常に大事です。私は大学院生の時代に当時、萌芽期にあった免疫生物学を学んでいたのですが、当然、経験も知識も不足していますから考え方が単純です。こういう文献報告を見つけたけれど、そうだとするならこういうことでしょう、と考察するにしてもさまざまな可能性には気づかない。恩師のK教授から「若いのにかわいそうやなぁ。もう頭が動脈硬化になっているんか」と明るくからかわれていました。

押してもダメなら引いてみな、と言いますし、目標とする山に登るのにはさまざまなルートがあるのかもしれません。物事を決めつけると自分自身が損をするでしょう。さまざまな可能性を検討して、これが最も妥当性が高い、そしてその次にはこれかもしれない、というような多様な考察を加えるべきでしょうし、その過程ではいろんな意見を聞いて評価していかなくてはならないでしょう。

まめさ

Yahoo!辞書のオンライン「プログレッシブ和英中辞典」では、まめ【忠実】①まじめ（真面目）、まめまめしい、②勤勉、と説明して、「まめな」diligent, hardworking の訳語を掲載しています。

まめさは日本人の美徳とされます。時代が変わっても次の世代に残したい遺産です。他の項目でも述べますが、もちろん、まめであるだけでは不十分で、大きなデザインを描いてそれを実行することは重要です。でも、まめさも同時に大切です（この2つの両立は容易ではないけれど）。

どんなときにまめさが大切かと言うと、職場の仕事でもそうですし（学生、会社員、スポーツ選手など職種を問わず）、日常生活でもそうでしょう。自分だけで解決できることもあるし、他者との関わりの中で解決していかないといけないこともありますが、いずれにせよ、まめなことはとても重要です。

役所の申請なども面倒くさがらずに、まめにやっておかないと不利益を被ることもあります。介護保険なども手続きが面倒ですが、やらないと保険で対応してもらえません。子育てでもまめさは大切ですが、1人ですべてをやるのは不可能なので、周りの人たちにうまく協力してもらって、子育てが大きな負担にならないようにすることがいいでしょう。

日常生活でのまめな対応も、変な表現ですが、おとなであることの1つの証と思います。日常生活での雑用を英語では“chore”と言います。意味は、①雑用、はんぱ仕事。②（～s）（家・農場の）日常の雑用、と辞書にあります。当然ですが、世界中どこでも日常生活の雑用はあるのです。雑用に振り回される前に片づけて時間をうまく使いましょう。雑用は放っておくとますますやるのがおっくうになるし、時には大問題に発展することさえあります。締め切りぎりぎりにするのでなく、余裕を持ってやりたいものです。

実力

NTT病院に勤務していた時期、ちょうどインターネットの勃興期でした。社内で全国の若手社員100名にパソコンを貸与し、インターネットを用いて可能性を検討するというプロジェクトが開始され、私は幸い、メンバーに選ばれました。プロジェクトは4年ほど続けられました。一定期間ごとにメンバーが招集され、プロジェクトの報告会が行われました。私は遠隔医療を提案、実行しました。ある年の報告会で前年までNTT社長だった相談役が来られ、講話をされました。講話の中で、実力を伸ばすにはどうするか、それには知識と経験を身につけることだ、と話されました。NTT社長は文系（人事系）と理系（技術系）が交互に社長になるたすきがけ人事でした。その相談役は文系出身でした。私は理系の端くれとして、知識と経験のほかに技術を付け加えなければなりません。

医学部・大学病院での研究では試験管内で実験をしますが、私は不器用で、実験を行うのが下手でした。後輩のN先生は非常に優秀かつ器用で、新しい方法でも簡単に成功してしまうのです。本人に聞くと「そんなに器用じゃないですよ」と真顔で言うのですが、私はうらやましくてなりませんでした。技術を身につけるのが不器用なら先輩が教えるといいのですが、血液グループは先輩がいないので、技術についてはずっと苦労しました。要するに、実力を身につけるには知識、経験、技術が肝心だということです。

なお、NTTのこのプロジェクトは時代の先端を走っていたようで、現在インターネットの世界で行われているビジネスモデルのほとんどが試行されました。実現していたらNTTはインターネットのハードとソフトの両方を押さえたでしょう。しかし、NTTは分割され、会社として一体運用ができなくなり、このプロジェクトもビジネスにつながることはありませんでした。

引き出し

実力をつけてさまざまな事態に対応できるようになることが理想です。さまざまな事態に対応するには、その事態の意味や影響（短期的、長期的）の評価と対応策を持たねばなりません。医師の行う病気の診断と治療にちょっと似ています。

政治でもそうだと思いますが、社会ではいろいろなことが起こります。尖閣諸島沖で中国漁船が海上保安庁の巡視船にぶつかる事件がありました。事件後も中国の対応や衝突映像の流出問題など、さまざまの問題が出てきました。この場合、政治の対応が一貫して貧弱だったと言わねばなりません。もちろん、事後の評論は簡単だし、おそだしじゃんけんと同じで、ずるいとも言えます。しかし、政治家は政治のプロですから、あらゆる政治的事態に対応することが要求されますし、優れた対応が必要なことは当然でしょう。1億3000万人の日本国民の生命財産を守る責任があるのですから。

こういう事態に対応できる能力を身に付ける一つの手段として、海外の大学・大学院で政治家や官僚が勉強するということもあるわけです。アメリカの政治家や官僚でも、例えば中国をめぐる国際関係の専門家を育てるために、中国の大学・大学院に派遣して勉強させるそうです。そういった人たちを育て、活かしていくことが必要でしょう（今までも日本にそういうシステムはあったのだと思いますが、専門家を増やして、国民と国家のために活かして使うことが十分できていたのでしょうか?）。こういうシステム作りは英米の人たちは非常に上手です。おそらく理屈を重視するからでしょう。古代ギリシア・ローマ時代以来の伝統かもしれませんが。

例えば第2次大戦中に旧日本軍は「生きて虜囚の辱を受けず」というやり方で敵の捕虜になるより自死を選べと強制しましたが、英米の軍隊はそうではなかった。スティーブ・マックィーンの映画「大脱走」（1963年）をめぐって、大脱走に描かれた実際の出来事を紹介したテレビ番組で捕虜問題についても詳しく検討されていました(1)。

捕虜になった場合、第1に自死を要求するのは人間の本性に反しているのできわめて実現可能性は低い。第2に英米では捕虜になることは当然織り込み済みで（戦争で捕虜が出ないはずがない）、欧州戦線の飛行パイロットが捕虜になる率は約20％、つまり5回出撃すればおそらく捕虜になる、という統計データをとった上で、では捕虜になった味方の兵士にどう対処するかを検討する。この場合、捕虜といえども戦力になりうる。例えば暗号通信を用いて敵軍の情報を母国に連絡させる。母国からは、決して捕虜を見捨てないというメッセージをさまざまな形で伝える。例えば、慰問品の中にラジオ受信機を巧妙に隠し、海外放送の中に捕虜へ向けてのメッセージを暗号化して紛れ込ませる。こういう実にあの手この手をやっていたわけです。第3に捕虜が帰還すれば再び実際の戦力になります（さらにしぶといと思ったのは、この作戦を行った施設の証拠は、戦後すべて消し去られました。なぜなら、今後もこの手の施設が必要になるかもしれず、他国にその情報を渡したくないからというのです。実にしぶとい）。

このように、自国のために非常にさまざまな工夫をすることが自国の利益を守ることになるでしょう。漫画の『島耕作』にも、日本は建前で行動しようとするが、それはあり得ない、無理な話だと指摘されています(2)。裏も表もあるのが人間ですし、裏があるからいけないということではない。映画「シンドラーのリスト」（スティーヴン・スピルバーグ監督、１９９３年）でもシンドラーはユダヤ人たちを救うためにあの手この手を使います。

人間を十分に理解できるようになれば、さまざまな事態に対して、おそらく押したり引いたりができるようになるでしょう（水前寺清子さんの歌に「おしてもだめならひいてみな」というのがありますが）。さらに押したり引いたりにもさまざまな押し方、引き方があり、それらが身につくとさらに有効でしょう。テレビ番組の「徹子の部屋」で経済アナリストの森永卓郎さんが、「黒柳さんはさまざまなテーマに対して、いろんな引き出しを持っていて、その時に応じてベストの選択をしておられるのがすごい」と話していました(3)。これは学生の就活にも共通することで、森永さんの大学では、1年生ではほとんど就職面接に対応できないけれども、訓練することによって3年間で相当対応できるようになるとのことでした。もちろん就職だけが大学の目的ではないけれども、大学を卒業したらみんな就職するのですから、就職に有利な教育は魅力です。また、高校生くらいまでは日本の教育現場では自己主張が強いことは評価されないし、逆に問題視されることもあるのに、入社試験のときだけは自己主張を要求されるのもおかしな話ではあるのですが。

いずれにせよ、さまざまな引き出しを身につけて、現実世界のいろんな事象に対応できるようになることが望ましいでしょう。さらに言うなら、ジェネラリストでありながら、専門性（スペシャリティ）も持つべきです。これは実際、かなり高い要求です。何事にも高いレベルを持つ人はレオナルド・ダ・ヴィンチみたいなもので、ルネサンスマンと言うべきかもしれません。そこまではいかなくとも、少しでもそれに近づきたいものです。

〈注〉
（１）ＮＨＫ番組表：映画〝大脱走〟の真相
http://cgi4.nhk.or.jp/hensei/program/p.cgi?area=001&date=2010-11-07&ch=10&eid=21043
（２）弘兼憲史（著）『社長　島耕作　第７巻』モーニングＫＣ、講談社、２０１０
（３）テレビ朝日「徹子の部屋」
http://www.tv-asahi.co.jp/tetsuko/back2000/html/101102.html

要　領

「実力」の項目とも関係しますが、要領は大事です。もちろん要領だけで世渡りができるほど甘くはない。しかし、要領を無視するのは危険です。広辞苑には要領がいいの意味を「物事の処理や立ち回り方がうまい」と説明してあります。自分の立場がうまくいくように立ち回るということです。同じ実力があっても、うまく立ち回った方が有利です。ただし、実力が伴わなければ早晩、化けの皮がはがれます。また、図々しすぎるのも嫌われます。やはり、兼ね合いなのです。自己を主張しつつ、相手を立てることが必要。ウィン・ウィンの関係を作ることができれば、ということです。やらずぶったくりではいけません。

自分はなぜこう考えるか、どうしてこの課題に取り組むのか、事前に関係者に根回しをしたり、キーパーソンは誰か調べておいたりしなくてはなりません。根回しなしで何かをしようとすると、自分には話がなかったという人が出てくるかもしれませんし、人の世はやっかいです。やっかいですが、人間は社会的動物である以上、やむを得ません。面倒くさがらないことです。一番の目標は自分を理解してもらい、自分の仕事を成功させることですから。

もちろん、ときどきは気遣い、気働きをすることがいやになることもあるでしょう。そういうときは気分転換が大切です。気分転換のためには、時間が必要ですし（長い時間が望ましいけれど、短い時間でもうまく気分転換できることも必要）、趣味、スポーツも大事ですし、友人や理解者も欠かせません。それぞれ生きる上での重要な要素です。漱石も言っています。

「兎角に人の世は住みにくい。住みにくさが高じると、（住み）安いところへ引き越したくなる。どこへ越しても住みにくいと悟った時、詩が生まれて、画が出来る」

（「草枕」より。括弧内は筆者追加）

交渉力

『交渉の達人』(1)という本は、買って損をしないでしょう。イントロダクション部に紹介してある、非常に印象的な例があります。セオドア・ルーズベルトが大統領選挙の時に、自分の肖像写真の入った300万枚のビラを印刷しました。ところがその写真はある写真家が撮った写真で、その写真家に著作権があり、使うなら巨額の使用料を支払わなければならないことが分かりました。しかし、ビラを作りなおすには時間がありません。この難問を選挙担当者が知恵と交渉術で見事に解決した、という話です。どうやって解決したか、ぜひこの本をご覧になってください。

交渉の達人であってもすべてがうまく解決できるわけではありません、しかし、うまく解決できる方向に可能な限り近づくことはできます。ウィン・ウィンの関係になれば成功という単純な考え方ではなく、理論に基づいて交渉を行えば成功する可能性は高いのです。

著者らは、交渉において、ありがちで高くつく間違いは、交渉の準備をしていないことであり、交渉とは「アートであって科学ではない」という誤った思い込みに基づいて、交渉に備えて適切な準備を行わない人がほとんどだと言います。準備の具体的ステップは次の通りです。

① 交渉が不調に終わった時の自分の最善の代替案（不調時対策案）を見極める。
② 自分の受け入れ可能な最低線（留保価値）を計算する。

③　相手の不調時対策案を見極める。
④　相手の留保価値を計算する。
⑤　売り手の留保価値と買い手の留保価値の間の領域（合意可能領域）を計算する。

そして取引をまとめたのち、交渉の事後分析まで行うのです。

〈注〉
（1）ディーパック・マルホトラ、他（著）、森下哲朗、他（訳）『交渉の達人』日本経済新聞出版社、2010

段取り・根回し

物事を行うのに、たとえ権力者であってもまったく段取りや根回しなしで済ますことは困難でしょう。2010年11月に北朝鮮が韓国の延坪島《ヨンピョンド》に砲撃した事件後、菅総理は次の発言をしました(1)。すなわち、今後韓国に戦争が起きるような事態が生じて、韓国在住の日本国民を日本国内に帰国させるような場合、自衛隊機で救出に向かうことが可能か、韓国政府とも相談したいということです（菅総理に限らず、民主党は野党時代の勉強不足からか、鳩山前首相の普天間基地移設問題、小沢前幹事長の対米・対中〝二等辺三角形〟等距離外交など、熟慮したとは思えない発言が多いようです。対する自民党も似たり寄ったりかもしれませんが）。

素人目にも、なんと不慣れというか、無防備で物を言う姿勢に愕然としました。想像力も欠如しているのではないでしょうか。韓国から日本人を救出することは朝鮮半島の危機的事態を想定しているわけですから、相談を受ける側の韓国政府の立場に自分を置いて考えれば、一体、この人は何を考えているんだ、となるのは当然でしょう（その前に、朝鮮半島が危機的状況に陥らないようにあらゆる努力を行うのが最優先だと思います）。

せめて、自分の周囲の政治家、官僚、誰でも信頼のおける人に、こんな考えがあるんだけれど、どう思う？と尋ねてみれば、他の人から助言を受けたり、諫められたりするはずだと思うのですが。そして、もし、そのプランに妥当性と実現可能性と実行する意義、さらに費用対効果があるならば、その時点から官僚とともに立案し、それを日韓の実務者で検討するという手順・段取りでしょう。誰にも相談せずいきなり、こんな考え方がありますでは、アドバルーン（観測気球）の意味もないのでは？「突拍子もない」という韓国政府の反応(1)が普通でしょう。

少し話が逸れますが、政治家が官僚に相談しないで決めることが政治主導ではないはずで、政治主導とは政治家が優れたリーダーシップを持って、官僚と協力して国民の利益、幸福を図るものでしょう。政治主導としたのは、官僚が省益最優先というような国民不在の方向に進まないように、しかし、官僚の専門知識は活かしつつ政治家が見識を持って政策を立案し実行するという、当初は高いビジョンだったのではないでしょうか。

もちろん、根回し・段取りばかりで、公正さに欠けるコネ優先の談合システムに陥ってはいけません。指名入札の適用は厳密であるべきです。したがって、一方では透明性を重視し、もう一方では事前の意見の交換・意見の調整を図ることの適度なバランスが必要なのでしょう。

〈注〉

（1）東亜日報「菅首相、韓半島有事の自衛隊機派遣に言及　韓国『突拍子もない』」http://japan.donga.com/srv/service.php3?biid=2010121320378（２０１０年12月13日）

熟慮

新しいことを行う場合に熟慮は必要です。時間的余裕のあるかぎり、さまざまな観点から、やろうとしていることの可否、妥当性、予想される成果、問題点、影響を考えなくてはなりません。これは仕事の上でも私生活でも同じです。どのくらい考えたらいいのか、一概には言えませんが、やむをえない場合以外は即断即決を避けるべきでしょう。いつまでに決定・返答しなくてはいけないかも考慮します。

古典といってもいい本に笠信太郎『ものの見方について』(1)があります。有名な書き出しは「イギリス人は歩きながら考える。フランス人は考えた後で走りだす。そしてスペイン人は、走ってしまった後で考える」です。自分の経験からは年をとってくるとイギリス流になるように思います。

それから、何かのことをずっと考え続けることが必要な場合もあります。研究ではよくあることですし、他の職種でもきっとあるでしょう。一生懸命考えて、試行錯誤してみないと見つからないことはよくあります。有名な例はベンゼン環の発見の話です、もちろんこの手の話は一種の伝説になっていますから、どこまでが実話かはわかりませんが。C_6H_6という分子の構造を決めることは難しかったのです。C（炭素）は4価でH（水素）は1価なので、どのようにしたら分子構造が作れるかわからない。この構造を考え続けていたアウグスト・ケクレは、あるとき6匹のヘビが輪になって、自分の前のヘビの尻尾をくわえてぐるぐる回っている夢を見て、6員環構造を思いついたということです。つまり一生懸命考え続けていてこそ、突破口が開けるというわけです。

〈注〉

（1）笠信太郎（著）『ものの見方について』河出書房、1950

（2）ウィキペディア、アウグスト・ケクレ

組織と個人

組織と個人について考えさせられる話がありました。1つは、ある県の警察本部で以前から人身交通事故の件数が多すぎるからということで、交通部長が意図的に件数を削減して報告していたことが明らかになったというニュースです。以下は私の勝手な想像にすぎませんが、こういう考えもあるということで紹介します。意図的に件数を少なく報告するようになったのは、現在の交通部長の前々任者の時からです。前々任者と前任者の2人はすでに退職しています。現在の交通部長が、やっていることはルール違反なのでいつかは明らかにしなければならないと考えて、自分の所属する組織にも、社会にも、前任者にも、自分にも一番被害が少ない時点を選んで公表したのではないかという想像が可能です。もしそうなら、私は理解できるやり方ではないかと思います。以前に食品偽装問題が何件か続けて発生しましたが、そのとき内部告発した社員は、会社にもいられなくなり、家族とも別居せざるをえないという厳しい境遇におかれていると聞きます。社会正義を貫くことと自分の生活を守ることの二者択一は難しすぎます。であれば、交通部長のやり方は理解できると思うのです。

もう1つの話はテレビで放送していたのですが1995年阪神淡路震災の年にプロ野球のオリックス・ブルーウェーブがリーグ優勝した話です(1)。この話自体は感動的な話です。乏しい戦力を仰木彬監督が効果的に使った采配は「仰木マジック」の言葉を生みましたし、組織論としても興味深く思います。私が気になったのは、優勝できた理由の1つに20歳の若い平井投手の大活躍があったことです。プロ2年目の平井投手はその年、クローザーとして15勝5敗27セーブを挙げたそうです。テレビの番組では山田久志投手コーチ（当時）が、この年の平井投手のように自分の身を犠牲にしてでもチームに貢献する選手が出ないと、リーグ優勝はできないと言っていました。山田コーチの話のすべてが放送されたわけではないので、実際どういう話だったのかはわかりませんが、平井投手は肉体を酷使した結果、度重なる故障に悩まされるようになったのですから、自分の身を犠牲にするとは極めて困難なことだと思います。

テレビドラマ「坂の上の雲」で、主人公で連合艦隊参謀の秋山真之は旅順港閉塞作戦に赴こうとする広瀬武夫に将兵を1人も死なせたくないと告げます[2]。もちろんドラマなので史実はわかりませんが、その話をふと思い出してしまいました。

〈注〉

（1）スポーツ大陸「がんばろうＫＯＢＥ ～オリックス　震災からの優勝～」
http://www.nhk.or.jp/kobe/program/shinsai/110117/index.html

（2）ＮＨＫスペシャルドラマ「坂の上の雲」第2部　第9回：広瀬、死す
http://www9.nhk.or.jp/sakanoue/story/09/

健康と日常生活

健康はきわめて大切ですが、年をとってあれこれ病気が出てくるまでは、大切さに気付きません。若い時分には無理をしやすいものです。健康のための心がけとしてよく言われるのは快眠、快食、快便です。よく眠ること、バランスのとれた栄養価の高い食事を楽しく食べること、健康なお通じ。忙しい現代では難しいですが、心がけたいものです。疾病の多くには食事が関係すると言われます。従来の日本食はバランスのとれた、優れた食事ですが、食事の洋風化に従って日本人の疾病パターンも欧米に似てきています。

近年の健康ブームで健康食品は大きな市場になっています。○○は体に良い、という言い方がよくされますが考えると意味不明です。○○が体に良い、というのはどう良いのか、食品からの摂取では不足なのか、不足したらどういう症状が出るのか、取りすぎによる過剰症はないのか、他の栄養食品との相互作用はないのか、疑問点だらけです。病後の回復期など特別なことがない限り、たいていの栄養はバランスの良い食事で充足されます。

例えばホウレンソウは体に良い、と言えるかもしれません。漫画のポパイの元気の元ですし。でも、ホウレンソウにはシュウ酸が多く含まれており、過剰な摂取は腎臓にシュウ酸結石を作るかもしれません(1)。ですから、体に良いからたくさん摂取するほど良いとは言えません。グレープフルーツが多数の薬品の作用に影響することも知られていて、薬を飲む時には注意が必要です(2)。

医学的にも毎日コーヒー1杯を摂取すると血圧がどうとかという論文がよくあります。特定の食品の摂取がある病気にはよくて別の病気には悪いという話はたくさんあるので、病態栄養学の立場から整理して一般に向けて広報が行われるといいと思うのですが。

歯磨きも健康を守る上で大切です。私は親知らずが痛み出して、夜中に眠れなかったことがあります。翌日、歯医者さんで治療してもらいましたが、親知らずが虫歯になっていました。歯医者さんのお勧めの歯磨き法は1日3回歯磨き。練り歯磨きをつけて磨くのは、そのうち1回でいい（夜、寝る前）。あとの2回は磨いてうがいするだけ。毎回、練り歯磨きをつけると、研磨剤が入っているので歯が薄くなってしまう。練り歯磨きの使用量は、大豆くらいの大きさの量で十分。つけすぎる必要はないとのことでした。

快眠・快食・快便以外にも、適度な運動が大切ですし、コンピュータなど目が疲れる作業が増えたので目を休ませることも必要です（例えば1時間パソコン作業をしたら、10分休む）。最近は人間関係が複雑になっていますから精神的・心理的安らぎも大事です。

〈注〉

（1）ウィキペディア「ホウレンソウ」

（2）ファーマシストドットコム、医薬品とグレープフルーツジュースの相互作用

http://square.umin.ac.jp/jin/text/int-grap.html

病気の予防

病気の予防としての運動は年齢・体力に合わせることが大切です。無理しすぎては本末転倒ですし、楽しめなくてはつまらない。運動不足解消といって、急に過激な運動をしてはいけません。

散歩の効用は盛んに言われています。例えばお年寄りで長い距離歩ける人はそうでない人に比べて、9年後の脳の灰白質の容積が大きく、認知症になる割合も少なかったと報告されています(1)。大切なことは、健康を保ち増進するにはそのための時間を作る必要があることです。漫然としていては健康を守れない、積極的に時間を作りましょう。定期的に余暇に運動をする人は、うつ症状も少ないという研究もあります(2)。

散歩は簡単です。病後の体力回復なら、軽い散歩から始めればよいし、競歩に近い強度のウォーキングもあります（塩野七生さんによれば古代ローマ軍の重装歩兵の行軍速度は時速5㎞だったと記憶します）。慢性の呼吸不全患者さんの呼吸困難の軽減や日常生活活動の改善を目標とする呼吸リハビリテーションにも歩行練習は取り入れられています。リハビリのプログラム次第ですが、効果が現れるのに4週間、リハビリを終了すると6～12カ月で運動耐容能は低下する(3)そうで、参考になります。なお、高血圧がある場合は、早朝の散歩は血圧上昇をおこしやすいので避けて（起床後、血圧は上昇するし、冬など気温が低い朝の散歩は血管が収縮するので血圧はさらに上昇する）、昼間にする方がいいでしょう（可能であれば、昼休みにでも30分間程度の時速5㎞のやや強めのウォーキングをお勧めします。1～2カ月続くと効果が出てくると思います）。

がんの予防策として、「がんを防ぐための12カ条」[4]が有名です。簡単にまとめると、①栄養バランス、②変化のある食生活、③食べ過ぎを避ける、④お酒は控えめに、⑤タバコは止める、⑥緑黄色野菜をたっぷり、⑦塩辛い物と熱い物は避ける、⑧焦げた部分は食べない、⑨かびの生えた物は注意、⑩日光浴は控えめに、⑪適度のスポーツ、⑫体を清潔に、の12カ条です。この他にも、予防策そのものではありませんが、良い友人を持って孤独にならないことも大切です[5]。

それから、かぜの予防にうがいと手洗いが本当に効果があることが明らかにされています[6]。報告によると、手洗い（1日10回以上）だけで感染率は45％に低下し、マスクの使用だけで感染率は32％に低下するそうです。手洗いとうがいは簡単ですが効果は大きいようです。また、のどを冷やすとかぜをひきやすいので、マフラーをすると保温に役に立ちます（ただし、二輪車運転時にはマフラーの車輪への巻き込みに注意）。さらに、睡眠時に空気が乾燥すると、のどを痛めますから、夜間の加湿器の使用も有効です。

睡眠不足はかぜにかかりやすいことも海外の研究で証明されました[7]。153名の健康な成人ボランティア（たいていアルバイト代が出ます）に14日間の睡眠パターンを記録してもらい、その後ライノウイルス（鼻かぜウイルスです）を含む液を鼻の穴に滴下して、それから5日間、かぜ症状が出現する割合を調べたそうです。すると、1日睡眠時間7時間未満の人は睡眠時間8時間以上の人の3倍、かぜをひく割合が多かったそうです（よくこんな実験をやるものだと思いますが）。

また、かぜ予防に対する運動の効果も調べられていて、秋冬にエアロビクス（有酸素運動）を週5日以上行う成人は、週1日未満の成人に比べて、かぜをひく割合は42％に低下したとのことです(8)。

2009年の新型インフルエンザの出現以来、ワクチン接種（予防接種）の重要さが広く認識されるようになりました。実際、インフルエンザワクチンによる高齢者の発病阻止効果は40％、死亡阻止効果は80％とされています(9)。ちなみに、インフルエンザワクチンを毎年接種する理由は、流行するインフルエンザウイルスの型が毎年少しずつ変わることと、ワクチン接種後の抗体価の低下が早い（接種後3カ月で有効抗体水準が80％、5カ月で50％）ためです(9)。

この他、さまざまなワクチンがありますが(10)(11)、日本では複数のワクチンの同時接種は制限されているために、何度も医療機関に行かなくてはなりません。今後接種法が見直されると、もっと接種しやすくなるでしょう。他のワクチンの有効性について、はしか（麻疹）の場合は予防接種をしない子どもは予防接種をした子どもに比べて感染の危険は22倍あり、百日咳の場合は5倍あると報告されています[12]。

それから、けがや病気になることは誰にでもあることですから、家庭を持ってからは生命保険に加入することも必要ですし、可能ならば、緊急の入院用の費用は手元に準備しておきたいものです。金額の考え方には個人差が大きいでしょうが、例えばの目安として20～30万円くらいは必要かもしれません。

また、自分に合った（自分のタイプの）、親身になってくれるかかりつけ医を持っておくことは大切です。電話でちょっとしたことなら相談できるように（持っていたらいい友達は、銀行家と弁護士と医者という言い方もあります）。いろんなお医者さんがいますが、しっかり勉強していて、笑顔で丁寧に説明してくれる人がいいでしょうね。笑顔も医療や福祉の重要な要素で、笑顔の出るスタッフが多いかどうかは老人ホームの良しあしの見分け方の1つ[13]らしいです。

もう1つ書いておきたいことは、健康だけに関連した話ではないのですが、個人差についてです。健康についての個人差とは、ある病気になりやすい、またはなりにくいということです。例えば、個人がアレルギー疾患（花粉症や喘息など）になりやすいかどうかは、ある程度、遺伝子が決定しています。両親にアレルギーがあれば、子どももアレルギーになりやすい。他の例では近視もそうです。両親が近視であれば、子どももなりやすい。病気は遺伝要因と環境要因の合計でおこります。ですから、アレルギーになりやすい人の場合はアレルギーの元（アレルゲンといいます）を避ける。近視になりやすいなら、暗い所や明るすぎる所で本を読まない。ときどき目を休めるなど、環境対策が役に立ちます。

病気によっては原因が遺伝要因または環境要因のどちらか一方でほとんど決まっていることもあります。例えば毒物中毒に対する個体の反応には遺伝性の関与はありません。個人が毒物にさらされるという環境要因がほぼすべてです。一方、先天代謝異常疾患、例えばフェニルケトン尿症は遺伝子で決定されていて、成長してからおきる病気ではありません。

病気に限らず、最近は遺伝子工学の発達に伴ってオーダーメード医療が注目されています。これは、ある医薬品がAさんには効果があるのにBさんには効果がないとか、副作用が強い人や弱い人がいるということから始まった考え方で、遺伝要因を評価して個人に最も効果的な薬剤を処方しようという医療です。まだ始まったばかりですが、遺伝要因の評価も機械技術の発達につれて急速に安価になるでしょうから、期待できる領域です。

この項目では運動による老化防止についても述べましたが、教育による精神の老化防止についてもふれておきましょう。最近の研究によれば(14)、長い期間教育を受けた人の方が認知症になる危険が低いそうです。脳の病理学的変化（神経の変性や血管の変化）は教育期間の長さに関連しないけれども、長い期間教育を受けた人の方が認知症になる割合は低く、脳の重量は重い。運動と同じように脳の健康を保つにも教育（勉強）が大切なのでしょう。

以上、書いたことの要点の1つは、健康であるためには、積極的対策と消極的対策があるということです。どちらか片一方でなくて両方とも大事だと思います。つまり、体力をプラスに持っていく対策と、体力を落とさないようにする対策です。これらは手間も時間も、また多少の費用もかかりますが、かけるだけの価値があるでしょう。

〈注〉

（1）Erickson, KI et al, Neurology, 75:1415-1422, 2010
（2）Harvey SB, et al, Br J Psychiatry,197:357-364, 2010
（3）高橋仁美、他（著）『呼吸リハビリテーション　第2版』中山書店、2008、43頁
（4）国立がん研究センターがん対策情報センター「がんを防ぐための12カ条」
http://ganjoho.ncc.go.jp/public/pre_scr/prevention/prevention_12.html
（5）Nausheen, B. et al. Psychosomatic Medicine 72:912-916, 2010
（6）Jefferson, T. et al. BMJ, 339:b3675, 2009
（7）Cohen S, et al. Arch Intern Med. 169:62-67, 2009
（8）Nieman DC, et al, Br J Sports Med. 2010 Nov 1.　http://www.ncbi.nlm.nih.gov/pubmed/21041243
（9）A型インフルエンザHAワクチンH1N1「化血研」（医療用医薬品の添付文書情報）
http://www.info.pmda.go.jp/downfiles/ph/PDF/200011_631340PA1025_2_03.pdf

（10）国立感染症研究所　感染症情報センター、日本の小児における予防接種スケジュール
http://idsc.nih.go.jp/vaccine/dschedule.html
（11）Policy Statement—Recommended Childhood and Adolescent Immunization Schedules–United States, 2011
http://pediatrics.aappublications.org/cgi/reprint/127/2/387
（12）Feikin, DR et al., JAMA. 284:3145-3150, 2000
（13）有料老人ホーム「ランキング」にダマされるな：週刊文春、２０１０年12月2日号
（14）EClipSE Collaborative Members, Brain 133:2210–2216, 2010

健康に関連したテレビ的話題

ＡＢＯ式血液型による性格判定は日本では広く流布していて、信じている人も多そうです。しかし、この話には医学的根拠がなく、実際は否定的です。性格を決める中枢器官は脳（具体的には海馬や扁桃など）ですが[1]、脳の神経細胞にはＡＢＯ式血液型物質は出現していないので、血液型が性格に影響する可能性は考えにくいからです。また、血液型による性格占いが盛んなのは世界でも日本とアジアのいくつかの国だけだそうです[2]。そもそも血液型で性格がわかるなんてお手軽すぎて、変だと思いませんか。みんなが信じているから信じるという姿勢はあまり賛成できませんが、血液型が宴会の話題になったらムキになって否定する必要はないので、適当に合わせておけばいい

でしょう。

それから、テレビなどでよく話題になる「幽体分離」現象（体外離脱体験）について。これは人が死にかけているときに、自分の魂が体から離れて、横たわっている自分や周りに集まっている人々を見るという体験のようです。瀕死の状態から回復した人の経験談として語られます。神秘的ですが、どうしてこういう現象が起きるかが明らかになりつつあります。最近ベルギーから、ＰＥＴスキャン（ポジトロン断層法）を用いて大脳の右上側頭回ほかいくつかの領域が幽体分離体験に関与していることを明らかにした報告がＮＥＪＭ誌に掲載されました[3]。今まで神秘的に思われていたことも次第に科学によって実体が明らかになってきていると言えるでしょう。

〈注〉

（1）Bates, JE et al. (ed.), Temperament: Individual Differences at the Interface of Biology and Behavior, American Psychological Association (1994)
（2）ウィキペディア「血液型性格分類」
（3）De Ridder, R et al., N Engl J Med, 357:1829-1833, 2007

スポーツ

私は体力がないので、学校の体育の授業は苦手でした。小児喘息があったことが1つの理由です。先日のテレビのニュースで、生徒のほとんど全員が体育好きな中学校を紹介していました。体育が嫌いだった子も大好きになったそうです。生徒の多くがバック転までしていました。理由は先生の教え方が優れていることでした。先生は前転・後転がなぜできないかを、失敗例と成功例のビデオを作って説明。「ここがポイントだよ」と教えます。数学や英語や国語と同じく、理由とコツを教えると生徒はうまくできるようになります。うまくできるとそれが好きになります。こういう教育ができるといいのですが。

おとなになってからは自分でスポーツを覚えるといいでしょう。大切なのは自分が楽しめること。私は水泳は好きです。ただ、さまざまな理由から最近は市民プールが減っているようで、不便になっています。

昔、ラジオでロイ・ジェームスさんがスポーツ・ジョッキーという番組をやっていて、そのキャッチコピーがちょっと長いけれど、「野球にゴルフ、サッカーにレスリング、登山に磯釣りとまではいかなくても朝の体操、通勤の駆け足エトセトラ、スポーツで体を鍛えましょう、出来ない人はせめてスポーツ通になりましょう」(1)でした。スポーツ通になるというのはいいアイデアだと思います。

私も自分ではしないけれど、さまざまなスポーツが好きです。プロ野球、高校野球、サッカー、大相撲、ウィンタースポーツ、オリンピック。プロ野球については野村監督が「野球は頭でするもんだ」と言っていて、かけひきを知るとより面白くなります。例えば、「2007年日本シリーズにおける完全試合目前の継投」[2]というエピソード。ご存じのように、中日と日本ハムが戦った日本シリーズ第5戦9回表、中日落合監督が行った、完全試合目前だった山井投手から岩瀬投手への継投です。この継投について賛否両論がわき起こりました。賛否両論それぞれに説得力があり、野球の奥深さといっていいでしょう。また、楽天の山崎選手が野村監督から野球の考え方を学んで、39歳で本塁打王・打点王を獲得したのも興味深い出来事です。

サッカー2011年アジアカップでのザッケローニ監督率いる日本代表の活躍は本当に感動的でした。日本のサッカーがますます強くなることを予感させました。優秀な選手たちが海外に出ていくことは非常に大事ですが、同時にJリーグも盛り上げてほしい。Jリーガーの給料はプロ野球に比べて極端に低いのでぜひ改善してほしいと思います[3]。

〈注〉

（1）ウィキペディア、日産ラジオナビ・スポーツ最前線

（2）ウィキペディア、2007年日本シリーズにおける完全試合目前の継投

（3）朝日新聞、乾真寛のサッカーウォッチ、2010年12月21日

趣味

趣味は暮らしを豊かにしてくれます。趣味にもさまざまなものがあるでしょう。体を使うもの、頭を使うもの、心を豊かにするもの、あるいは衣食住に関連するもの、などなど。下手の横好きでもいいし、好きこそものの上手なれでも、どっちでもいいと思います。構えないとできない趣味はちょっとつらいでしょう。楽しめることが一番です。ただ、引退して急に何かを始めるというのは難しいこともあるので、若い時から何かしておくのがいいと思います。渡辺淳一さんの『孤舟』(1)には引退後の時間を持て余す話が描かれています。

私の周囲の人たちはいろんな趣味を持っていて、釣り（ふぐ調理師免許も持っているほど本格的）、自転車（300㎞レースに出る）、ボーイスカウトの指導者（世界ジャンボリーに参加する）、大型オートバイと雑多です。大酒飲みもいますが、やはり大酒は体によくないので、お勧めできません。

自分の趣味は、というと、忙しいので趣味に割く時間があまりないのですが、次のようなことが好きです。

① 速足の散歩（日常生活でできる）

②　外国語（英語とフランス語。第2外国語は医学部の場合、多くはドイツ語を選択します。私もドイツ語を選択しましたが、現在は医学の専門用語はほとんど英語です。ただ日本の医療関係の業界用語にはドイツ語が残っています。フランス語は多少の知識があるとファッションや料理やワインやスイーツや映画をさらに楽しめます）

③　映画（時々しか観に行けない。でも大画面で見るのが楽しい）

④　読書（読みたい本が多くて追いつかない）

⑤　旅行（行きたいけれどお金と時間が…。以前から南欧に旅行したいと思っています）

といったところでしょうか。

旅行する時には、できるだけその土地について調べて行くことをお勧めします。調べて行くかどうかで、その国に対する理解が大きく異なるからです。私はシンガポールに遊びに行く前には『シンガポールを知るための60章』[2]という本を読んで行きました。できれば単なる旅行ガイドブックではなくて、少し突っ込んで読む方がいいでしょう（もちろん、遊びに行くのにまで勉強したくないという気持ちもわかるので、できれば、ということですが）。シンガポールに行ったとき、ちょうど建国記念日（8月9日）のお祝いをしていて上空をジェット戦闘機が飛行し、市内は小銃を持った兵士が警戒していたので、こんな小さな国でも軍備をしているんだとちょっとびっくりしました。

〈注〉
（1）渡辺淳一（著）『孤舟』集英社、2010
（2）田村慶子（著）『シンガポールを知るための60章』明石書店、2001

四季

日本列島はどの土地でも四季を楽しめます。亜熱帯の沖縄だけは冬らしい冬がありません。10年前から沖縄に住んでいる友人の年賀状に、「沖縄でも冬は寒いと思い始めました（どうしましょう）」とありました。逆に沖縄から熊本に来ている人にこの話をしたら、その気持ちはよくわかりますと言われました。

四季を楽しめる生活ができればいいなと思います。雪月花は冬、秋、春を楽しむことですし、テレビでも春には桜、秋には紅葉を実況します。季節ごとにお酒を楽しむのもいい。甘党には季節のスイーツもあります。日本の四季を楽しむ代表的な土地は京都でしょう。京都の魅力をアピールするポスターもなかなかのものです(1)。

〈注〉
（1）京都創生PRポスター「日本に、京都があってよかった。」

http://www.city.kyoto.lg.jp/sogo/page/0000035115.html

土いじり

子どものときは土いじりをすることが普通でした。ほかにたいした遊びもありませんでしたし。みんなで遊ぶことといったら缶けりとか、鬼ごっこ（鬼がつかまえた子どもと順々に手をつないでいって、鬼がどんどん増える「手つなぎ鬼ごっこ」というのをよくやっていました）、陣取り、冬ならコマ回し、凧揚げ、夏なら蝉取り、川遊びなどでしょうか。もちろん昔の遊びはいいことばかりではなく、川遊びで溺れる子がいたり、竹細工で大きなけがをする子がいたり、危険もないわけではなかったのですが。

土いじりというのは草花を植えたり、土を丸めて泥団子を作ったり、ごく身近な自然と触れるということです。幼稚園や小学校の砂場で遊ぶというのもそうでしょう。現在は残念ながら、マンション住まいであったり、塾が忙しかったり、携帯型のビデオゲームで忙しかったり、さまざまな理由のために土いじりするような機会は著しく減りました。砂場もネコがおしっこしていたりするので、細菌の温床になったりして不潔だとも言われます。昔はヘビの尻尾を握って振り回すようなガキ大将もいましたが、今は虫やミミズさえさわれない子どもが増えました。人間は動物ですから、土から離れては生きていけません。そういう意味で土や身近な自然との接触が減ることは心配です。できれば週末の家庭菜園でもいいし、自然観察でも、ボーイスカウトでも、あるいは短時間の散歩でもいいですから、何か自然とつながることをすることが必要と思います。自然観察といってもたいしたことではなく、近所の公園に来る鳥を見たり、季節ごとに咲く花を見ていても楽しいです。あまり本格的なことをしようとするとハードルが高くなるので、気軽にできることがいいでしょう。

ただ、福島原発事故以来、日本全国どこでも土いじりをすることが可能とはいえなくなってしまいました。なんとか土いじりのできるような土壌にもどしたいものですが、今のところどうなるか予測も難しい状況です。

都市と地方

都市に住むことと地方に住むことについて考えてみます。どっちに住むかは、どこの学校に進んだかによって影響されるでしょう。都市の学校に進めばその後も都市に暮らしたいでしょうし、地方の学校に進めば都市に行くのはやや抵抗があるかもしれません。都市の良さは文化的刺激が大きいこと、チャンスが多い可能性があることなどでしょう。地方はそういう可能性は少なくても、住むのに気楽かもしれません。競争は都市部ほど厳しくないでしょうし、物価も都市より安いでしょう。都市は収入が多くても物価が高いので支出も増えます。一方、地方は収入は少ないけれど、物価が安いので支出も少ないでしょう。一案として、若い時期には都市に住み、年をとったら地方に住むということも考えられます。どっちに住むかは、職業によっても規定されるでしょう。地方に住んで家業を子どもにつがせるというパターンもあります。

地方出身者で優れた人はたくさんいます（ずっと地方に住み続けてはいませんが）。私の故郷の熊本県でいうと幕末の思想家・政治家の横井小楠がいますし、明治期の医学をリードした北里柴三郎もいます。隣県の鹿児島県は明治維新期の指導層を輩出しましたし、宮崎県には小村寿太郎がいます。小村寿太郎は日露戦争時の外務大臣でポーツマス条約を締結しました。日露戦争は日本の勝利で終わったものの、日本は国力を使い果たし、それ以上戦争を続けることは不可能でした。一方、ロシアはまだ戦争継続能力は高く、日本は窮地に追い込まれました。そのような状況での講和は極めて困難だったでしょうし、日本国内では事情を知らないために不満が爆発し、小村の苦悩はたいへんなものだったでしょう。

小村はその優れた学識ゆえに当時の中国政府からも一目置かれていました。書も達筆で遺墨が残っています。40年ほど前に日中国交正常化がなされました。田中角栄氏が首相でした。田中さんは中国で歓待を受けましたが、料理はアワビでした。中国ではアワビ料理は最高の貴人をもてなす待遇ではないそうで、外務省関係者に知識はなかったのだろうか、小村寿太郎ならそんなことはさせなかっただろうとのことでした。小村は飫肥藩《おびはん》という5万石の小藩の出身ですが、小村のみならず幕末・明治期の国家指導者の奥深さが知られる話です。

少し違う話ですが、アメリカの場合は日本の首都東京のように一極集中ではありません。医学研究で用いる試薬もいろんな州、都市で開発・生産されています。日本の場合、試薬の生産は京都などもありますが東京中心です。アメリカのような州ごとの自治能力が高いやり方も地方を充実させる1つの方法なのでしょう。

ブログ

インターネットという言葉を調べると、ほとんど無数の情報が出てきます。ウィキペディア英語版(1)だけでもかなり詳しいです。

この項で触れたいことはネット全般の話ではなくて、とくにブログでは不正確な情報が多いので注意を喚起したいということです。学生の論文でも、ネットの記事を用いる場合は信頼できるサイトからの引用でなくてはいけません。

ブログが信頼性に欠ける例を1つ挙げると、「やはり野に置け蓮華草」という句があります。蓮華草は野原で咲いているからこそ美しいという意味ですが、これは江戸時代の俳人の言葉です。これをブログでは「やはり野に置けスミレ草」と誰かが書き間違えて、それが何度か転載されています。注意が必要です。

〈注〉
（1）Wikipedia, Internet
（2）ことわざデータバンク　http://www.sanabo.com/kotowaza/arc/2001/09/post_785.html

電子出版

iPadが登場して以来さまざまな電子出版用のハードウェアが販売されて、今後電子出版が広く普及して従来の紙による出版が危機に陥るのではないかと懸念されています。しかし私は両立するのではないかと思います。デジタル化の強みは検索力で、それは圧倒的です。反面、"at a glance" 一瞥するという能力が弱い。新聞であれば1ページ全体を見渡して興味のある記事だけ読むことができますが、デジタル化の場合は1ページ全体を小さな画面で見て、記事ごとに拡大して見ることになります。さらにアナログでは雑誌でも新聞でも、調べていた事柄の隣に、別の興味深い事柄が書かれているのに気づいたりしますが、デジタルではそういった余得はありません。おそらく今後、電子出版とアナログ出版は互いの特性が生きる領域で生き残っていくように思います。

デジタル一般について言うと、デジタルは0か1の世界ですから、物事を分析的・分割的に表現します。デジタルでは12時1分59秒の次は12時2分0秒というように分割して表現します。けれども実際の時間は連続しているのでアナログなのです。アナログ時計の分針は連続してスムーズに動きます。デジタルには遊びがない。例えば車のハンドル操作は作動するのに少し余裕があって、ハンドルを回してもわずかに作動するまでにズレ（遊び）があります。このズレは重要です。ですから、デジタル、アナログ、それぞれの特徴を生かして使い分けるといいと思います。

グーグルは人間活動のすべてをデジタル化あるいはアーカイブ（記録保存）化するという壮大な意図を持っています。実現すれば、新しい物の見方や価値観が出てくるような気がします。量の蓄積は質の変化に至るでしょう。

ごく最近、すごい論文が発表されました。ハーバード大を中心としたチーム（グーグルも参加）の報告(1)で、人間の歴史の中で出版された図書の中から500万冊をデジタル化、アーカイブ化して文化の変遷を明らかにしようという壮大な試みです。スケールの大きさに圧倒されます。この論文には興味深い話がてんこ盛りです。一部を紹介しましょう。

① 500万冊の図書には5000億単語が含まれています（1冊平均10万単語）。解析した図書の言語は英語が中心（72％）ですが、フランス語、スペイン語、ドイツ語、中国語、ロシア

語、ヘブライ語も含みます。

② 英語の読書スピードはネイティブで1分間に200単語とこの論文では想定していますが、学術的な論文では無理でしょう。一般的な内容の書籍と思います。

③ 10億単語中に1回出てくる単語を〝common〟word とすると西暦2000年に common word は約100万語あって、1年間に8500語ずつ増えているとのこと。ちなみにウェブスター辞典（2002年版）に載っている単語数は35万語だそうです。

④ 常にそうではないのですが、文法は時代とともに簡単になろうとする傾向があるようです。例えば不規則動詞が規則化するなど。

⑤ 時代によって使われる言葉の変遷があります（〝slavery（奴隷制）〟は南北戦争の時代にはよく使われていました。今も使われますが、当時ほどではありません）。

⑥ 人名はその人の職種によって有名になる（頻用される言葉になる）年齢が違います。俳優は早め、政治家は遅め。

⑦ 国家によって検閲を受ける語（ナチズム時代のドイツにおけるユダヤ系有名人の名前や、中国における天安門という単語など）は時代の影響を受けています。

⑧ 言葉は文化を反映します。食文化もそうです。Ice cream という語は1900年頃から、pizza と pasta は1970年頃から、sushi は1980年頃から多く出現しています。

この研究の今後の展開は非常に興味深いものがあります。

〈注〉

（1）Michel, J-P., et al., Science 331:176-182, 2011

新聞

最近は新聞を読まない人も多いようですが、お金もかかるけれど、やはり新聞は購読した方がいいでしょう。ニュースはネットでわかるとはいえ、詳しいことはわかりにくいし、断片的な情報になってしまいます。ネットのニュースは、長文の掲載は難しいのでどうしても要約されがちで、編集されたニュース、したがって編集者の主観が入りやすいと思います。また、前項で述べた、一瞥するという作業は新聞でなければ難しいでしょう。以前に「文化の香りを運ぶ」という新聞標語があったように記憶しますが、文化面の記事もあります。俳句、短歌、読者の投書、書評、映画や舞台その他催し物の紹介など。また、新聞記事は大部分が自社の記者が取材している記事ですが、ネットの場合は新聞記事の転載のことも多いです。新聞にも全国紙、地方紙、専門紙といくつか種類があるので、自分の読みたい新聞を選んで読むといいでしょう。

ただ、新聞は公平無私なものでもないし、その新聞なりの立場はあります。○○党寄りということもあるでしょう。記事が事実と異なることもあります。私の直接の知人3人が（別々の人で、別々の時期に別々の話題について）新聞にインタビューを受けたことがあります。インタビューはそれぞれ記事になったのですが、本人たちに直接確認したところ言っていないことを勝手に書いてあったそうです。記事を面白くしたいのでしょうが、創作してはいけない（そのうち1回は新聞社が本人に謝罪しましたが、言い訳めいた謝罪でした）。

また、読者の投書の掲載にしても、おそらく新聞社なりの偏り（バイアス）があるでしょう。新聞社の人たちも食べていかないといけないので、できるだけ正義は守りつつ、どこかで妥協しているのだろうと思います。

それでも新聞を読む方が世の中の流れはわかるので読むことをお勧めします。

週刊誌

新聞に対して週刊誌はちょっと違います。週刊誌にもいろいろな種類があります。年齢、性別に応じて読者対象も記事内容も変わります。成人男性（おじさん）を対象にする週刊誌はバラエティに富む記事内容です。政治、社会、スポーツ、芸能、セックス、観光、グルメなどなど。週刊誌によって各ジャンルのウエイトは異なります。私は若い頃は若さゆえの潔癖症から週刊誌は評価していませんでした。でも、どのジャンルも人間活動ではあるので、別によいのではないかという気が今はします（反社会的な記事はもちろん問題外です）。

政治ではガセネタもあるでしょうが新聞が掘り下げきれないスクープや、内容が必ずしも１００％確実ではないために新聞に書けないニュースが掲載されることもあります。週刊誌の存在価値はあると思います。

老い

現在の日本人の平均寿命（0歳児が平均であと何年生きるか）は男性79歳、女性86歳です(1)。平均寿命に対して、今、ある年齢の人が平均であと何年生きるかが平均余命です。いずれにしても我々は長く生きるし、その結果、老後の期間も長いものになります。老いは誰の身にも起こります。自分が医療職をやってきた経験から言うと、20代は本当に元気でした。30代には当直で夜間何度か起こされても、対応できました。40代前半はそれほどでもなかったのですが、後半になると少し疲れを感じるようになりました。50代半ばになると、当直で起こされると次の日だけでは回復できずに、回復に2～3日かかるようになってしまいました。みんな似たり寄ったりだと思いますが、どうでしょうか？

エジプトを30年間も強権的に支配し続けたムバラク大統領もエジプト国民から出て行けと言われたときには82歳でした（スイス銀行の個人資産は700億ドル＝5兆7000億円もあったそうです）。英雄と呼ばれた人も、やがては腐敗して舞台から退場していくと新聞にはありました。

老いてやがて死んでいくからこそ、有意義に、充実して生きたいものです。老いると人生に空しさを感じることも多いかもしれません。しかし、昔の人もこれに異を唱えています(2)。

「老年が惨めなものと思われる理由は4つ見出される。第1に、老年は公の活動から遠ざけるから。第2に、老年は肉体を弱くするから。第3に、老年はほとんど全ての快楽を奪い去るから。第4に、老年は死から遠く離れていないから」。(2)

古代ローマの哲学者キケローはこれらの1つ1つに反駁を試みています。キケロー著『老年について』(2)は薄い本ですし、安価ですから、老いについて考えてみたくなったら、ぜひ読んでみて下さい（大昔の哲人の意見を聞くことができることも読書の大いなる楽しみです）。キケローはさらに言います。

「人生の行程は定まっている。自然の道は一本で、しかも折り返しがない。そして人生の各部分にはそれぞれその時にふさわしい性質が与えられている。少年のひ弱さ、若者の覇気、早《はや》安定期にある者の重厚さ、老年期の円熟、いずれもその時に取り入れなければならない自然の恵みのようなものを持っているのだ」。(2)

この部分を読むと、「未熟さ」の項目で述べた「青壮老の三一致」と同じ考え方であることに興味を覚えます。

1986年に「神経成長因子および上皮細胞成長因子の発見」でスタンリー・コーエンとともにノーベル医学・生理学賞を受賞したリータ・レーヴィ・モンタルチーニは著書『老後も進化する脳』(3)でニューロンの可塑性を考えると、人間は多くの個体において認識能力、創造力の減退をほとんどもたらさないとしています。人間は60歳、70歳を超えると、毎日10万単位で脳細胞を失うという話がありますが、脳細胞は1000億あるのですから、60歳から100歳になるまで40年間あったとしても失われる脳細胞は14億6000万にしかならず、これは1・4%に過ぎませんし、生き残った細胞は樹状突起を増加させるのでシナプス数は増加します。神経細胞の数は1・4%減っても、神経細胞同士の相互連絡路であるシナプスが増加することで脳の働きを維持することになるのでしょう（ただ、『老後も進化する脳』の原著は1998年で、日本語訳の出版は2009年です。訳者の齋藤ゆかりさんはあとがきで「諸々の事情で原稿はゲラのまま、月日が流れた」と書いていますが、この間に医学は大きく発展しており、モンタルチーニの書いたことが古くなったり、間違っていたり、あるいは詳細な機序が明らかになっているはずで、原著から10年遅く訳出されたのは残念です。つまり、脳の可塑性はこの間にさらに深く理解されるようになっているのです）。

モンタルチーニは老いてなお創造力豊かであった巨人たちの例として、ミケランジェロ、ガリレオ、バートランド・ラッセル（20世紀イギリスの数学者で哲学者）、ベン・グリオン（20世紀イスラエル建国の父）、ピカソを挙げています(3)。

モンタルチーニによれば(3)、バートランド・ラッセルは人生における幸福の鍵を「第1に健康、第2に貧困に陥らずにすむのに足る財産、第3に幸せな人間関係、第4に仕事における成功である」としています。さらにラッセルの人生観は、「個人的には、高貴なもの、美しいもの、優しいものを愛すること、鋭い直感のきらめきが知性をもたらしてくれることを認めること。社会的には、個人が自由に成長し、憎悪、貪欲、ねたみを煽るようなものがないような社会をつくること」。ベン・グリオンは生涯を通じて、「悪い平和は良い戦争にまさる」と主張したそうです(3)。「格差社会」の項目で述べたフランクリンと同じ主張です。

なお、年齢にかかわらず各界で活躍している人々の話が最近出版されました(4)。これも読むと元気になる本です。

〈注〉
（1）厚生労働省　平成17年　都道府県別生命表の概況
http://www.mhlw.go.jp/toukei/saikin/hw/life/tdfk05/04-01.html
（2）キケロー（著）、中務哲郎（訳）『老年について』岩波文庫、2004
（3）リータ・レーヴィ・モンタルチーニ（著）、齋藤ゆかり（訳）『老後も進化する脳』朝日新聞出版、2009
（4）徳間書店取材班（著）『最高齢プロフェッショナルの教え』徳間書店、2010

ルネサンスマン

極めて多才で、しかもそれぞれの能力が一流の人をルネサンスマン（ルネサンス的教養人）と言います。モンタルチーニがあげた巨人たちがそうです。彼らには及びもつきませんが、少しでも近づきたいものです。自分の専門外の勉強をしていけないことはありません（試験勉強している場合は除く）。本来の勉強もしっかりやればいいのです。ですから、人生にはどれだけ時間があっても足りない。有意義に効果的に使わなくてはならない。私は最近やっとNatureとScienceを読むようになりました。若いときには読めませんでした。学問の楽しみがほんの少しわかるようになったのかもしれません。「唇に歌を、心に太陽を」[1]という言葉がありました。「唇に歌を、かばんにNatureを」もいいと思います。

〈注〉
（1）栃木県立図書館ホームページ　http://www.lib.pref.tochigi.jp/reference_ex/allr/tr137.htm

災害にどう向き合うか

日本は島国で太平洋の周辺部にあるために自然災害が多い国です。関東大震災（1923年9月1日）、阪神・淡路大震災（1995年1月17日）、そして今回の東日本大震災（2011年3月11日）などの大災害がありました。

災害には天災も人災もあります。戦争も巨大な人災といってもいいでしょう。災害に遭遇したとき、どう生きるかはあまりに難しいテーマで、安易に文章をひねりだすことはできません。しょせん、安全なところから論じるだけになってしまいます。

戦争を経験した人の多くも寡黙になるそうですし、発言しても真意が大衆に正しく伝わらないこともしばしばです。『夜と霧』(1)で自らのナチス強制収容所体験をつづったフランクルが個人としての一人ひとりのドイツ人を許すと話した時に、ユダヤ人社会からの強烈な反発を受けたという話があります。

ただちに言えることは、私たち皆が、可能なことで災害に遭われた人たちや地域に協力することでしょう。もちろん被災地域の方々の感情と要望を十分踏まえた上で。そして要路にある人々は最善の努力をすべきでしょう。国民からの義捐金がいつまでも被災者に届かないのでは困ります。被災者にとっては今日明日の生活の糧が必要なのに、です。被災者に寄り添うことが大切でしょう。上から目線の大臣がいましたが、論外です。

宮沢賢治の「雨ニモ負ケズ」はしばしば東北人の粘り強さの例として紹介されますが、私はむしろ、災害に遭わなかった我々のあるべき姿ではないかと思います。

東に病気の子供あれば
行って看病してやり
西に疲れた母あれば
行ってその稲の束を負い
…
日照りの時は涙を流し
寒さの夏はおろおろ歩き

〈注〉
（1）ヴィクトール・E・フランクル（著）、池田香代子（訳）『夜と霧〈新版〉』みすず書房、2002

希望——あとがきに代えて

本書は自分なりの人生論なのですが、こういう不況、就職難の時代ですから、格差社会やジャパン・シンドロームに触れないわけにはいきませんでした。社会の状況と無関係に人の暮らしが成り立つはずもないからです。

人生には幸運不運はつきもので、生まれた時から恵まれている人も、ひどい環境に生まれてきた人もいます。格差社会が広がって、どんな家庭に生まれたかで受ける教育が決まる。高等教育を受けないと高収入は望みにくいので、貧乏な家庭の子は貧乏になる（貧乏の再生産）ことが懸念されています。スタート地点は公平であるべきです。西部劇のヒーロー、ワイアット・アープの副保安官で後年、新聞のスポーツ記者になったバット・マスターソンの言葉に「金持ちは夏、氷が食べられ、貧乏人は冬に食べられる」(1)があります。これではいけない。個人の努力で教育格差を乗り越えることは容易ではないので、政治や社会が教育格差を解消する最大限の努力をすべきでしょう。福祉先進地域の北欧諸国では税金は高額ですが、大学の学費は無料だそうです(2)。

夏目漱石は「夫《そ》レ教育ハ建国ノ基礎ニシテ、子弟ノ和熟ハ育英ノ大本タリ」と述べました(3)。教育は今でも国家百年の計の礎です。

ただ、若い人々には、こんな時代だからと失望して欲しくないので、歴史や生物学から見た人間および今の時代という視点を論じました。希望を持ち続けてほしい。

デュマの『モンテ・クリスト伯』(4)に次の言葉があります。「待て、しかして希望せよ」そうありたいと思います。

なお、東日本大震災が起こったのは、この原稿をそろそろ脱稿しようかという時点でした。大震災も生き方ともちろん関係しますから原稿の最後に「災害にどう向き合うか」の項目を加えました。今回の大震災は戦後最大の災害で、日本は第2の敗戦ともいうべき被害を受けました。

第2次大戦直後、梅棹忠夫さん曰く、「『みんな何を言うとんねん。いっぺん戦争に負けただけやないか』って。…いっぺん戦争に負けただけで『日本がなくなった』なんて言うのがいた。でも、日本はなにもなくなってない。滅んでもいない。国民もいるやないか。日本国家は、だいじょうぶや。」(5)

〈注〉

（1）Wikipedia (English ver.), Bat Masterson

（2）しんぶん赤旗、２００９年1月7日
http://www.jcp.or.jp/akahata/aik07/2009-01-07/ftp20090107faq12_01_0.html
（3）夏目漱石、第五高等学校開校十周年記念式典祝辞、１８９７年（現在の熊本大学構内にこの祝辞を刻んだ碑があります）
（4）アレクサンドル・デュマ（著）、山内義雄（訳）『モンテ・クリスト伯』岩波文庫、１９５６
（5）梅棹忠夫語る、梅棹忠夫（語り手）、小山修三（聞き手）、日本経済新聞社、２０１０

■著者略歴

土屋　廣幸（つちや　ひろゆき）

現職：医療法人社団愛育会　福田病院小児科部長

略歴：熊本大学大学院医学研究科修了、熊本大学医学部付属病院小児科勤務、テキサス大学 M. D. アンダーソンがんセンター留学、NTT 九州病院勤務を経て現職。

学位：医学博士

著書：『人文社会学科とコンピュータ』(杉田米行編、共著)、成文社、2001 年。
専門雑誌の論文多数。

混迷の時代を生きる君へ

2011 年 11 月 20 日　初版第 1 刷発行

■著　　者――土屋廣幸
■発 行 者――佐藤　守
■発 行 所――株式会社**大学教育出版**
〒700-0953　岡山市南区西市855-4
電話(086)244-1268㈹　FAX(086)246-0294
■印刷製本――モリモト印刷㈱

ISBN978－4－86429－093－7